別把所有事往心裡塞

枡野俊明教你消除人生麻煩事的42個解方

あなたの人生から「めんどくさい」が消える本

枡野俊明 著

楊明綺 譯

推薦文

王意中心理治療所 所長／臨床心理師　王意中

我們總是期待無事一身輕，但在日常生活中、工作職涯上、人際關係裡，卻存在著許多讓人感到煩躁的麻煩事。

然而，仔細想想，這些麻煩到底從何而來？麻煩到底存不存在？還是任由我們腦中的小劇場，讓麻煩在我們生活中，遍地開花？

我們想要逃避、迴避，想要將麻煩揮之而去。但如果只是空想，卻沒有任何的作為，許多的現實並不會有所改變，甚至日積月累成為心中的沈重負擔。

試著重新解讀這些麻煩，好好自我覺察，思考，以及面對眼前這些看似的煩惱。

從讓人感到厭惡般的麻煩當中，抽絲剝繭，找到對自己最有利的解釋。

跳開執著，允許自己擁有彈性，以及更多的包容，看待自己生命中所遭遇的事。並且給予自己與這些事情劃清界限，讓自己的心理免於受到干擾。

當我們自己把麻煩製造出來，就有機會反推回去，把麻煩進行刪除。當有些麻煩不請自來，就讓我們重新轉念來看待。

轉念，以合理的方式來解釋這些麻煩，你將會發現原來過往，我們一直讓自己陷入無盡的抱怨中，怨懟裡，把自己的心束縛了。

閱讀《別把所有事往心裡塞：枡野俊明教你消除人生麻煩事的42個解方》，漸漸的，讓我們看見一道曙光，原來麻煩是有機會在我們生命中，逐漸消失匿跡。

不再讓自己憂慮於未來，學習專注在當下，細膩的感受，我們所經歷的一切。冷靜的評估與判斷，果決的做好選擇，下好離手。盡力而為，問心無愧。將麻煩化繁為簡，循序漸進，一一拆解。

頓時，你會發現，原本感受到如巨石壓頂般的麻煩，卻輕而易舉，四兩撥千斤，從眼前移開，不再干擾自己的生活，不再讓自己的思緒混亂。

我總認為這世界上，如果每個人對自己的言行舉止，所該承擔的事情負責，這個社會就會變得很祥和。

我常常和孩子們說，你有多自律就有多自由，也以此作為自我提醒。在這個無垠的自由度裡，你將擁有許多的深與廣的生命體驗。

生活是一種選擇，自己的生命該如何過？別再面對麻煩束手無策。我依然相信每個人都擁有極大的自由與權利，能夠彩繪與點綴自己的生命畫布，活出自己期待的人生。

前言——九成的「麻煩」來自人際關係

日文的「麻煩」，漢字寫成「面倒臭い」。

翻開辭典，「面倒」這字眼的解釋是：「花費心力，令人不悅的事，煩雜到令人厭煩的事。」

我們的生活中，充斥著許多這樣的「麻煩」事，像是明知自己非做不可的事，或是早點處理會比較好的事。

縱使如此，還是會湧起「麻煩」的念頭，設法找尋逃避的方法，我想任誰都有這樣的經驗吧。

其實就連多少累積了些修行的我，有時也會覺得「好麻煩啊！」。**眼前所有的事，都是因為有緣才會來到自己面前，所以我們能做的就是認真面對，盡心對待每一件事。**

雖然非常明白這是一種禪的思考方式，但要徹底消除「麻煩」的念頭並不是件簡單的事。

或許只要我們活著，便無法逃離「麻煩事」。

那麼，「麻煩」的根源究竟為何？我試著思索，或許可以分為三種。

第一種「麻煩」，是可以設法靠一己之力解決的事。

縱使覺得麻煩，也會鼓起精神去做，而且不可思議的是，一旦著手，「麻煩」的感覺便沒了。

只要努力處理眼前的事，無謂的念頭就會消失，這樣的「麻煩」能視自己的心情狀況解決。

第二種「麻煩」，是無關緊要的事。

「雖然做了比較好，但不做也無所謂」，日常生活中充斥著許多這樣的事。有些事擱著不管，自然就會消失。也就是對於自己來說，不是多重要的事，亦即「無關緊要的事」。

要是過於認真看待這種「無關緊要的事」，只會迫使自己陷入窘境，而且愈是個性認真的人，愈容易被這種「無關緊要的事」囚縛。雖然這絕非壞事，但我認為還是要懂得適時「放手」。

所謂「放手」不是「隨便敷衍」，而是抱著「差不多就好」的心態看待事物。別將所有事都往自己的心裡塞，學習別太理會那種「無關緊要的事」，也就是讓自己的人生留點空隙，有一條後路可退，這一點非常重要。

再來是**第三種「麻煩」，也就是無能為力的事。**

就算自己想做點什麼，也無能為力，而且很多這樣的「麻煩」是源自於人際關係。

因為顧慮到對方，所以無法單憑自己的想法解決，或是雖然覺得很「麻煩」，還是無法切斷這層關係。

這麼一想，便覺得書名的「麻煩」這字眼，很多都是源自人際關係。

除了人際關係本身就是一件「麻煩」事之外，還有因為人際關係而衍生的許多麻煩。

那麼，我們該如何面對、解決這些「麻煩」呢？找到答案絕對不是容易的事。搞不好根本沒有明確的答案也說不一定。

雖說如此，我們還是必須設法找尋答案，並且選擇面對，不能輕易忽視人際關係萌生出來的「麻煩」。

人無法獨活，必須身處社會，與無數人共生存。

不能因為覺得麻煩就選擇逃避，而是雖然身處充斥著「麻煩」的世界，仍盡量地化解這些麻煩。

盡量少說「啊啊、好麻煩喔！」這句話，如此一來，身心才能變得清爽。

雖然我們無法消除人生中的所有麻煩，但至少能讓自己不在麻煩之海中滅頂。

那麼，該如何轉念呢？

本書希望大家能從禪的教喻中，尋找屬於自己的答案。

禪學中沒有所謂的「麻煩」心情，我自己也不曾認真看待這字眼。

然而我想藉由這本書，試著與自己的心對話，認真面對這樣的情感。

若能讓您不覺得「麻煩」，閱讀到最後，便是我的榮幸。

合掌

二〇一六年四月吉日　建功寺方丈

枡野俊明

目次
Contents

第4章 輕鬆看待人際關係的「麻煩」…………121

第1章

世上充斥著許多「麻煩」事

選項多，也是「麻煩」的成因

■現今社會充斥過多選項

以往的日本社會，姑且不論好壞，人生的選項非常少。

好比職業就是如此，身為農家子弟，將來注定離不開農事田地。若是身為商人之子，理所當然必須承繼家業，沒有選擇的餘地，就算自己想走別的路，也很難如願。

乍見之下，或許會覺得這樣的人生無趣又不自由，但我認為其實這樣的人生反而能讓心更安定。

想想，選擇將來要從事的職業並非一件簡單的事。當然，堅信自己只能走這條路的人另當別論，但大部分人並沒有如此堅強的信念，因此會心生疑惑。

自己到底該從事什麼工作呢？雖然有想從事的行業，但冷靜想想後，又覺得自己沒這能耐，或是根本不曉得自己到底想做什麼。

自己究竟適合什麼樣的工作？面對眼前的岔路，猶疑不已，於是就連迷惘也成了一種麻煩，萌生「算了，無所謂了」的念頭。

現今社會可說是充斥著選項的時代，你要選擇什麼樣的工作？要走出什麼樣的人生？基本上，都可以自由選擇。但不可諱言，自由的背後潛藏著煩惱。

雖然選項多看起來是件好事，但不少人也因為選項多，反而退縮，不是嗎？

正因為可以自由選擇，肩上才會扛著非得自己選擇不可的重擔。當然，也有人覺得乾脆交給別人決定最輕鬆。

■光是挑個嬰兒車，就讓人煩惱不已

研究消費者心態的專家提出這樣的例子。

好比選購嬰兒車，一進店裡，瞧見有五種款式的嬰兒車，在這樣的情況下，人們可以馬上從中挑選自己喜歡的款式，隨即買回家。

但要是店裡陳列著二十種款式的嬰兒車呢？

每一種的價格、設計和功能都不一樣，看起來都很不錯，勢必得花比較多的時間，煩惱究竟要選哪一種，反而遲遲無法決定，心想著再考慮一番，改天再來買。結果就是當天猶疑不定，無法購買。

我非常能理解這般心態，就像上班族每天想著午餐要吃什麼，是吧？快到中午十二點，便想著今天午餐要吃什麼。

公司附近有很多小吃店，煩惱著要去哪家店，吃什麼，有些人很享受這樣的煩惱，但也有不少人覺得這種事很麻煩，不是嗎？

如果公司設有員工餐廳，就不必煩惱著要去哪家店用餐了。雖然每天替換的定食也沒什麼多大改變，但就某種意思來說，的確省事不少。

選項多，其實也是麻煩的成因。或許可以說，現代社會充斥著「麻煩」。

現代人背負著非得自己選擇不可的壓力。

人生沒有正確答案

■只有自己，才能創造適合自己的工作

我們會為買東西而猶疑，煩惱午餐要吃什麼，覺得這些事「啊啊～好麻煩喔！」

其實就算這樣也無所謂。

因為這些只是人生中的小事，微不足道的煩惱。

然而，自己究竟要選擇哪一條人生道路這件事，必須認真思考。

倘若連選擇人生這件事都嫌麻煩，而自我放逐的話，便無法走出屬於自己的人生，所以必須認真面對自己的心，做出選擇。

不知道從事哪一行比較好，也不曉得自己適合什麼樣的工作，或是對於自己現在的工作深感徬徨等，我常聽聞這些煩惱。

對自己來說，唯有適合自己的工作，才能維持生計。我想應該沒有人如此看待工作。

唯有持續努力，才能讓工作成為維持生計的保障。

我認為適合自己的工作，是靠一己之力創造出來的。

■一旦停下腳步，就會開始覺得「麻煩」

有一位五十歲的男士，向我傾訴他的心情。

「我進這家公司將近三十年，始終盡心盡力地工作，但即將邁入五十大關的我，突然懷疑自己真的適合這份工作嗎？是否還有別的路可走？」

回顧人生，肯定有人也有這樣的想法吧！雖然不想否定自己選擇的路，內心卻覺得似乎還有別的選擇。

滿足感與一點點後悔交雜著，迫使自己停下腳步。

我告訴這位男士：

「現在這份工作讓你努力了三十年，換個角度想，證明這份工作就是你維持生計的保障，不是嗎？若是從未認真看待這份工作，是不可能持續努力三十年的。」

聽到這番話的他露出恍然大悟的表情，微笑地點點頭。

如果現在你的眼前有好幾個選項，千萬別為此停下腳步，而是繼續往前走。

對自己來說，究竟哪一條路才是正確的？不是停下腳步思考這問題，而是勇往直前。

因為人生本來就沒有正確答案，所以尋覓這種「不存在的正確答案」，只是讓人生剩下的東西愈來愈少，況且停下腳步思索，也無法解決任何事。
而且停下腳步的時間一長，「麻煩」的念頭就會悄悄萌芽。
這樣的念頭會逐漸削弱你前進的力量。

與其疑惑要走哪一條路，不如勇往直前。

重要的是，如何走這條「自己選擇的路」

■大道不見得直通長安

有句禪語：「大道通長安」，出自趙州禪師惕勵修行僧的話語。

有一位修行僧請教趙州禪師。

「路在何處呢？」

禪師回道：

「路在籬笆外。」

無法理解的修行僧又問：

「我不是問路，而是請教修行之道，也就是我要走的路在何處？還盼大師指點通往真理的路。」

於是，趙州禪師對修行僧說了一句：「大道通長安。」

長安是中國唐代的首都，也是許多人嚮往、慕名而來的大城市。也就是說，無論走哪一條路，都能抵達長安。

亦即沒有一定的成佛之道，端看個人的心志，所以每一條路都是成佛之道。

每個人都祈願自己得到幸福，過著充實的人生。

做著能讓自己享受成就感的工作，走出屬於自己的人生，以邁向幸福之地，也就是心中的長安為目標。

那麼，到底要走哪一條路，才能抵達幸福之地？我們拚命地尋找這條路。究竟哪一條路能通往幸福？答案只有一個。

「每一條路都能通往幸福。」

我認為這就是答案。

重要的不是選擇哪一條路，而是如何走這條「自己選擇的路」。自己選擇的這條路有苦痛、有辛酸，並非一帆風順。縱使如此，還是要在苦痛中努力地往前走，就算花點時間也無所謂。

當然，有時拐進小路休息一下也無妨，但千萬別放棄，停滯不前。

■用自己的腳，開創自己的路

你的眼前只有「屬於自己的人生」這條路，所以只要留意腳邊，往前走就對了。

當然，肯定會不時冒出其他的路，或是瞧見有人輕鬆愉快地走著。

但這些都不是你的路，**因為一味跟著別人走，永遠也無法遇到屬於自己的幸福。**

因為那是別人的幸福。

每個人都是獨一無二的存在，都有屬於自己的人生路。

你選擇的路，一定有只有你才看得到的風景，所以專注看著這風景，努力往前走。

縱使每天都有許多選項排山倒海而來，但千萬別被這些選項所惑，專注屬於自己的路，只要抱持這份心情，便能從容面對選項氾濫的現代社會。

就算眼前有再多的路，你走的路就是你的人生。

物欲愈強，麻煩愈增

■物欲猶如無底洞

現今日本社會充斥各種物品，商品不斷推陳出新，店裡擺滿各種吸睛商品，令人看一眼，便湧起想買的衝動。

這就是「物欲」，現代社會可說是高度物欲時代。

商品不斷推陳出新並非壞事，也是一種富裕的象徵，但要是滿腦子只有物欲，心就會被物欲支配。

原本可以過著更充實的人生，反而變得痛苦，無疑是本末倒置。

物欲愈強，能讓你變得更幸福嗎？買了許多昂貴的東西，能讓你的心感受到幸福嗎？

當然得到想要的東西的瞬間，確實讓人覺得很幸福，一整天都很開心，但這種喜悅的心情無法持久。

最多一個禮拜，這種喜悅的心情就會淡去。

然後，你又有想要的新東西，所以，**得到並無法滿足物欲**，我認為物欲就像個無底洞。

■其實95％都是不必要的東西

不妨試著檢視自己的物欲，比方列出自己現在想買的東西。大至車子，小至包包，什麼都行。想要這個，想要那個，恐怕想買的東西超過一百件。

接下來試著分類想買的東西，第一種是必需品，以工作上必須用到的東西為首，再來是生活方面的必需品。

第二種是，雖然現在並非必需品，但還是有比較好。好比手邊已經有一部電腦，但考量功能性，想再買一部新的，我想這樣的東西應該不少。

再來是第三種，雖然沒有也沒關係，但就是想要，也就是說，對於工作、生活來說，完全不必要的東西。或是現有的已經很足夠，只是想要新的。

那麼，你已經分類好了嗎？

有一百件想要的東西，屬於第一類的東西有多少件？

非買不可的東西，工作與生活上不可欠缺的東西，恐怕只有兩、三件吧？我想最多也只有四、五件，剩下的九十五件都不是必需品。

這麼說來，只要有第一類的東西，就不會影響我們的生活。其他的九十五件，不過是物欲催生出來的東西罷了。

所以只要擁有第一類的東西就行了。其他九十五件都不用買，抱持這樣的想法，心靈與生活便能清爽許多。

無須執著地遵守什麼，基本上，只要關注第一類的東西，偶爾買一下第二類的東西就行了。

因為在那些你覺得需要的物品之中，有些東西確實可以豐富我們的心靈。

那麼，為何不去關注其他九十五件東西呢？因為不必要的九十五件東西中，潛藏著「麻煩」。

■「麻煩」就像包包上的標價牌

有些人光是包包就有二、三十個，一旦推出新款包包，就會迫不及待地購買，所以櫃子裡塞滿包包。也許買的時候有一種滿足感，但這種滿足感不久就會變成「麻煩」。

既然買了那麼多包包，當然想每天帶不一樣的包包出門，或是搭配當天的穿著，挑選包包，或許一開始還覺得樂趣無窮。

但這種樂趣不會持久，早上一忙起來，哪還有時間挑選包包搭配衣服，只覺得這種事很麻煩，結果每天都帶著同一個包包出門。

於是，內心又浮現塞在櫃子裡的包包，買都買了，卻只用了一次，實在很可惜，可是現在穿的這件衣服和那個包包不搭，看來得買一件和那個包包很搭的衣服。

結果就是陷入麻煩這個無謂的漩渦。

其實你只需要五、六個包包。

那就是上班用的包包，婚喪喜慶用的包包，還有休假日時用的包包。只要有這三款就夠了。超過這數量的包包只會衍生「麻煩」。那些躺在櫃子裡的包包的標價牌上，彷彿寫著「麻煩」這字眼。

手邊只需放著能豐富你心靈的東西。

看清對自己而言，真正重要的東西

■「清心寡欲」的生活

為了成為真正的禪僧，必須經過一段稱為「雲水」的修行時期，這段時期能帶在身邊的東西非常少，只有幾件衣物和勞動服，以及貼身衣物、布巾、吃飯用的缽、寢具而已，不准攜帶其他個人物品。

其他器具都是與別人共用，屬於自己的東西非常少，一旦習慣這樣的生活，便覺得心靈愈來愈清澄。

什麼是必需品呢？對自己來說，想要的東西真的是很重要的東西嗎？

我們的內心一隅總會湧現欲望，這究竟意味著什麼呢？這其實是為了讓我們清楚看到自己該走的路。

唯有拋開不必要的東西，才能看到人生中最重要的事物。這種感覺非常清爽，至今難以忘懷。

雖然並非一定要過著如此「清心寡欲」的生活，但盡量力求生活簡單。

因為簡單的心中，沒有「麻煩」可以趁虛而入的餘地。我認為正因為心情煩亂、欲望膨脹，才會招惹「麻煩」。

船貨超載，船就無法順風前行

我認識的一位四十幾歲女施主，每個月一定會來掃墓。某日，我發現她總是背著同一個包包，仔細一瞧，上頭印著可愛的動物圖案，像是小孩提的布包。

我對這位女施主說：

「這包包好可愛喔！」

只見她有點不好意思地回道：

「其實這是我女兒國中時用的包包，雖然她嫌這包包太幼稚了，但我覺得這包包實用又耐用。」

這回答令我會心一笑。

頓時覺得內心有股暖意，她是一位生活得非常美好的人。

有句禪語：「下載清風。」

意思是，船上累積的貨物越多，好不容易吹來的風也無法使船前進，唯有卸下沉重的貨物，船才能輕快地順風前行。

我們的心，也是如此。

從心之船卸下內心不斷湧現的物欲，也就是減少「想要」的欲望。

心之船上只要累積真正需要的東西就行了。只要減少貨物，心就會輕盈許多，也就能朝任何方向轉舵，即便偏離航道，也能立即修正。

生活過得簡單，心也會跟著清簡。

只要走出屬於自己的路，就不會覺得「麻煩」

若是自己的生存之道，就不會覺得麻煩

工作是一件非常繁瑣的事，不可能只做一件事就行了。為了順利完成一件工作，必須進行各種繁雜作業。

好比從事業務這工作，不單是向客戶推銷自家公司的商品，必須事先準備好相關資料等，就算順利銷售出去，後續還有些事情必須處理。

面對與工作沒有直接相關的事情，任誰都會嫌煩，我也不例外。像我現在就在處理一件麻煩的工作，我擔任住持的建功寺境內一隅，正在進行一項公共工程。

其實這件事對我不會造成很大的妨礙，只是要向行政單位提交的書面資料多了點，雖然我會趁空檔時間整理提交的資料，但這種事並無法一次搞定，因為忙完了要給一個部門的資料，另一個部門又要求提交相關資料。

當然循序進行也沒什麼太大的問題，但還是希望對方能有效率地整合。不過對方似乎無法回應這樣的要求，所以為了整理書面資料，我只好反覆進行同樣的作業。

老實說，這件事情真的很麻煩，我當然也很想埋怨。

問題是，向負責的窗口抱怨，只會造成對方的負擔，畢竟對方也只是努力處理被指派的工作而已。

這時，我突然想到。

我從來不覺得修行是一件麻煩事，反而認為是理所當然，為什麼呢？因為身為住持應盡的職責與修行，就是我的生存之道。

不應該覺得走自己的生存之道是一件麻煩事，如果覺得麻煩的話，這就不是自己的生存之道。

■只要有樂趣，便能持續

我除了住持的身分之外，也設計「禪庭」。

而且為了處理來自世界各地的委託，我一年會出國好幾趟。

當然工作時間排得很緊湊，需要花費相當心力才能完成一件「禪庭」作品，縱然如此，我還是一點也不覺得設計「禪庭」是麻煩事。

我想，一定是因為我打從心底喜歡、享受這件工作。

此外，我也在美術大學任教，除了大學的放假期間之外，每週授課一次。雖然現在已經游刃有餘了，但剛開始時真的很辛苦。

光是備課便花了很多時間，就算順利上完課，還有其他事情要處理，像是批改學生的報告等。

其實在大學教書一事，並不在我的人生規劃中，只要想結束，隨時都能結束。但同樣的，我從不覺得教書是一件麻煩事。

可能是因為年輕學子們那耀眼的身影，帶給我無比力量的緣故吧。

透過和學生的交流，讓我重溫自己的大學回憶，正因為有此愉快時光，才能讓我堅持下去。

只要樂在其中，無論再怎麼辛苦，都能堅持下去。

這世上沒有「無趣」的工作

■平心靜氣地處理麻煩事

回到前面所說的，當我感覺某件事很麻煩時，表示這件事或許不是我想做的事。

也就是說，對我的人生而言，這件事並沒有很深刻的意義，而且既然覺得無趣，也就不可能讓自己有所成長。

正因為心裡這麼想，才會覺得處理繁雜的文件資料很麻煩。

但就算再怎麼麻煩，也無法逃避，擱著不管。

結論是非做不可，既然如此，也只能坦然接受「麻煩」，平心靜氣地處理。

於是，我停止抱怨行政單位，專心處理眼前的文件資料，反正總有一天會搞定。

對我來說，身為住持才是我的天職，刺激自我成長的「設計禪庭」一事是工作，讓我打從心底感受到喜悅，在大學任教一事也是工作，我認為每個人都有適合自己的工作。

倘若你覺得沒有適合自己的工作，表示你沒有真誠地面對工作。只要你願意正視眼前這份工作，認真對待，一定會遇到屬於自己的天職。

不，也許不是遇到，**而是盡心對待這份工作，讓這份工作成為自己的天職**。

■面對小事，也要盡心

世上沒有「無聊的工作」、「無趣的工作」、「只有麻煩可言的工作」。

如果所有人都覺得這件工作「無趣」的話，那麼這件工作早就從世上消失了。

我認為，就算是麻煩的工作，也有許多人樂在其中。

也就是說，之所以覺得這件工作很麻煩，是因為你打從心底嫌它麻煩。

「這件工作很無趣。」

「這件工作無聊又麻煩。」

我感覺不少人都有這樣的心態，而且這種心態很容易在公司蔓延開來。

「這件工作是個燙手山芋，就交給新人處理吧！」

如果這種情形愈來愈多的話，這間公司肯定充斥著「麻煩的工作」，每個人滿腦子只想著如何推諉卸責，只想做些看起來有趣的工作，待在這樣的公司，勢必找不到能讓自己「樂在其中」的工作。

試著尋找工作的樂趣與價值，才是對自己最好的心靈處方箋。

面對小事，也要盡心。

正因為是周遭人們避之唯恐不及的工作，更要試著積極去做。

只要抱持這兩種態度，你的身邊就不會再有「麻煩的工作」。

之所以覺得這件工作很麻煩，
是因為你打從心底嫌它麻煩。

麻煩的工作中，埋藏著「寶物」

■光是負責會議資料，也能從中學習到許多事

我曾聽聞這樣的情形。

某公司的部門有五位女員工。

上司問她們：

「有誰能幫忙準備開會用的資料嗎？」

只見她們紛紛裝作很忙的樣子，因為誰都不想碰影印之類麻煩的工作，更何況是開會用的資料，分量肯定不少，又要分成好幾份，這種耗費時間的工作，勢必會耽誤自己手邊的工作。

這下子就得加班，每個人都不想要這種差事落到自己頭上。

沒想到其中一位女員工舉手表示願意幫忙，因為她的工作效率高，所以不覺得幫忙準備會議資料會影響自己的工作，於是不知不覺間，影印會議資料的差事便成了她的工作。

其他女同事都很開心，因為少了一件麻煩的工作，便能專心處理自己手邊的工作，將麻煩的工作推給別人就對了。

於是，負責這份麻煩差事的女員工，每天得花一、兩個小時準備會議資料。

雖然起初她覺得很不公平，但卻從來沒有看輕這件事。

影印資料，然後分成好幾份，反覆進行這項作業時，也就自然地瀏覽過資料內容。

雖然不是什麼特殊機密資料，但都是她平常沒有機會接觸到的事，這下子反而能正大光明地一窺究竟，還發現能從這些資料中學習到不少東西。

就在她持續負責這件差事的半年後，她已經從中得到不少知識，甚至連部門的動向與公司發展都了解得一清二楚。

有時她還會提醒上司，資料上哪裡有錯，也就得到上司的青睞與拔擢。

一年後，負責這件差事的她也能列席會議。

■蒐集小小的寶物

任誰都避之唯恐不及的「麻煩工作」。

其實埋藏著許多寶物，或許是小小的寶物。

但聚沙成塔，這些小小的寶物也有發出耀眼光芒的一天。

倘若周遭人都覺得「這件工作很麻煩」，代表這是個機會，不妨告訴自己：「反正大家都不想做，所以我來做。」主動舉手。

那件工作很麻煩，這件工作也很麻煩。

一味抱怨的人，只會失去自我成長的機會。

無論是什麼樣的工作，都有讓自我成長的機會。

第2章

「麻煩」的根源

富裕社會衍生許多「麻煩」

■沒有「麻煩」的時代

這是我年幼時的記憶，感覺很少從周遭大人們的口中，聽到「麻煩」這字眼。當然，日常生活中確實有許多麻煩事，但大人們還是咬牙苦撐，不輕易抱怨。

更別說小孩子要是脫口而出「麻煩」這字眼，勢必遭到父母責備：「有什麼好麻煩?!要是嫌煩，就別做！」尤其我家是寺院，麻煩儼然成了禁語。

反觀現代社會，「麻煩」這字眼竟然成了口頭禪，從小孩到大人不時都會嚷嚷：「哎呀！好麻煩。」雖然光是說，無法解決任何問題，但就是會自然脫口而出這句話，甚至讓人覺得現今日本社會蔓延著一種「麻煩病」。

以往物質生活匱乏的日本，每個人都為了生活拚命努力。農人早出晚歸耕作，不像現在有便利的農耕機具，當時都是手工作業，相當耗時費力，但是任誰都不會抱怨「麻煩」，為什麼呢？因為要是不耕作就沒飯吃。

從事漁業的人也是，寒冷的冬季也得出海，沒有嫌麻煩的餘地，必須賭命地討海維生。

那是個每天為了生活、必須拚命的時代，沒有嫌麻煩的餘地，也沒空想這種事。這種生活當然很辛苦，每天都重度勞動，但我認為這種生活充滿著身為人的喜悅與充實感。

現今社會是夢境般的理想社會?!

現在是富裕時代，就連農業也研發了各種農具取代以往的手工作業，效率提升幾十倍。

以往的農家人幾乎個個駝背，因為長年彎腰務農的關係，年紀一大，背也跟著駝了。時至今日，已經很少看到這樣的老人家，這也是拜科技進步之賜。

這是一件多麼美好的事，人們不必重度勞動、過度消耗身體也能務農。

要是看在以往的人眼中，如今無疑是個夢境般的世界吧。然而，現代人的心中卻也出現所謂的「麻煩病」。

一旦嘗過好處，便無法回歸原本的生活；一旦用慣便利的器具，便做不了麻煩的手工作業。

此外，隨著世界愈來愈富裕，就算不拚命工作也能生活，不必摸黑出海捕魚，也不愁沒飯吃。正因為身處如此優渥的環境，就連出海捕魚都嫌麻煩，人類就是容易好逸惡勞。

身為解剖學家的養老孟司，接受某本雜誌的專訪時，說了這麼一段話：

「以往窮困的日本社會，每個人為了生計都十分努力打拚，從早到晚拚命工作，只為了餬口飯吃。那時的人們心裡有個共同的夢想，那就是打造一個不必工作也能維持生計的世界。反觀現今社會，河堤邊都是流浪漢，或許他們都有著辛酸過往。縱使如此，他們不必工作也能生活，至少撿拾便利商店丟掉的便當等，便能飽餐。我聽說有些流浪漢因為吃得太營養，而罹患糖尿病。現今是個不用工作也能生活的社會，這不就是猶如夢境的理想社會嗎？」

當然，養老先生是語帶諷刺地說這番話。

這是個所有事情都變得麻煩、也能生存的社會，這種社會稱得上幸福嗎？我認為這是對過於倚賴富裕生活的現代人，敲響的一記警鐘。

富裕絕非壞事，也是人們的生活目標，但別忘了**富裕的縫隙潛藏著所謂的「麻煩病」**。

當你脫口而出「麻煩」這字眼的瞬間，你就會覺得「麻煩」，感覺自己活得愈來愈無趣，也逐漸失去身為人的幸福，我認為千萬不能忘記這種感受。

富裕不等於幸福。

用身體感受，而不是用腦子

■「怠惰心」發明了便利

現今社會成了「超級」便利社會，而且是個愈想怠惰、愈能無止境怠惰的時代。好逸惡勞是人的天性，盡可能不碰麻煩事，要是不動手做也能完成，當然不想親力而為，所以「怠惰心」時常盤踞心中。

不可否認，也因為「怠惰心」催生出許多便利的東西。

好比以前是用洗衣板洗衣服，現在的年輕人恐怕沒見過這樣的光景，即使是寒冷的冬天早上，母親們還是雙手泡在冷水裡，洗著孩子們的衣物。

「要是不用碰水，也能洗衣服就好了。」這樣的願望催生出洗衣機，只要將待洗的衣物丟進洗衣機，讓機器搞定就行了。對於母親們來說，再也沒有比這發明更幸福了。

每天的清掃工作也是如此，以前都是用掃帚掃地，或是將茶渣或沾水的報紙撕成條狀，鋪在榻榻米上，因為茶渣和報紙可以吸灰塵，再用掃帚仔細掃過，是非常耗時的清掃工作。

後來拜吸塵器之賜，不用花太多時間與氣力，便能輕鬆打掃。近來研發的掃地機器人，甚至能徹底清掃家中各角落。

清掃工作交給掃地機器人，料理有微波爐可用，有車子可以坐到車站，到了車站還有手扶梯將你送至驗票口。

一坐在辦公桌前，不用拿鉛筆寫字，只要使用電腦便能製作文件資料、收發電子郵件。

的確省事許多，但同時也剝奪我們活著的實際感受。

■親身體驗，才能感受幸福

有句禪語：「冷暖自知。」

水是冷的，開水是溫的，這種事必須實際體驗才知道。不能凡事都用腦子理解，親身體驗很重要。

活用天賦的五感，才能感受到自己活著。

就像身為禪僧的我們在修行時，每天早上都必須清掃，用抹布擦拭本堂各處，打掃寺院境內。

也就是一年三百六十五天，清掃工作不曾間斷。

即便是寒冷的冬日清晨，也要用抹布清掃，擰毛巾的手凍到失去感覺。因為每天都會清掃，本堂始終乾乾淨淨。

就算是風勢強勁的日子，境內也不可能堆積落葉，我們這些修行的禪僧始終維持著這樣的習慣。

其實這也是修行的一環，讓我們實際感受活著這件事。

試想，如果僧侶用吸塵器清掃本堂，或是交給掃地機器人搞定呢？

雖然也是在做清掃工作，我們卻不再是僧侶。

因為忘了「冷暖自知」的僧侶，沒有宣揚佛法的資格。無法實際感受活著一事的僧侶，也無法談論死亡。

我不是否定富裕與便利性，畢竟現代人有權享受這些進步文明。

但我們不該沉浸在這種富裕與便利性中，因為其中潛藏著所謂的「麻煩病」。

使用自己的身體，敢於置身不便中。

並非要你每天都用抹布清掃各處，但不妨試著一週一次這麼做，擰著泡過冷水的毛巾，仔細地擦拭家中各處，一定會發現吸塵機無法清理到的地方。

同樣的，試著以爬樓梯取代搭手扶梯，你會覺得有點喘，聽得到自己的心跳聲，但這就是你活著的證明。

我認為吟味著這種實際感受，才能通往真正的幸福之路。

試著每週一次不用吸塵器清掃家裡。

現在這瞬間，不會發生麻煩事

■「麻煩」事的共通點

我想請教各位。

請你具體想想什麼事讓你覺得「好麻煩啊！」如果可以的話，不妨寫下來。

我想，現在的你一定有不少「麻煩事」。

好比「明天必須將這些資料整理好。」

「冰箱空空的，明天得出門買些東西才行。」

「這禮拜必須去看牙醫。」

「孩子這個月要去遠足，必須幫他準備些東西。」

只要動筆寫，肯定寫得出一長串。

接著，請仔細瞧瞧這些你覺得「麻煩」的事。

這些事有一個共通點，都是些必須稍微提早做的事，**所以麻煩的不是現在這瞬間，而是想到不久之後要做的事就覺得麻煩**。

也就是說，覺得「麻煩」的這種情感是在事情發生之前產生的。

「明天必須做好這份資料。」

一想到這件事就覺得很麻煩，但一到明天，開始處理這份資料時，就沒心思想這種事了。

總之，正因為是非做不可的事，所以只能專心處理。或是嫌出門買東西一事很麻煩，但一踏進超市，這種心情就沒了。

因為過於憂慮不久之後必須得做的事，才會萌生「麻煩」這種情感。因此，重點在於「不久之後」。

譬如，開車的人每三年或五年，就必須去警政署或駕照考照中心更新駕照，因為通常得花上半天的時間，所以有人覺得大老遠跑去更新駕照很麻煩。

但如果離駕照到期日還有一年呢？應該沒有人會覺得麻煩吧。應該不會有人覺得：「明年要換新駕照，好麻煩喔！」都是隨著換照日期迫近，下個月就得跑一趟換照才行，這時才會覺得「很麻煩」。

足見「麻煩存在於不久之後」。

■不是「過去」，也不是「未來」，而是看「現在」

那麼，有什麼方法可以消除這種對於明天要做的事，而覺得「麻煩」的心情呢？

「過去」、「現在」與「未來」，稱為「三世」，禪學只著眼於這「三世」中的「現在」。

「過去」就是過往的事物，內心絕對不能總是被這些過往的事物囚縛。雖然懂得從過往的失敗中，學習或反省的態度很重要，但絕對不能被「過去」束縛，因為執著於「過去」，無法為「現在」帶來正面的影響。

此外，一味著眼於「未來」，也是不切實際的事。

當然，對於未來懷抱夢想，有個目標是很棒的事，也能促使自己成長。

但對於夢想與目標過於執著，也就是執著於未來的話，當事情無法如願進行時，你就會焦慮萬分。

別被尚未到來的「未來」囚縛。

眼前所有的事物因為有「緣」，才會來到你面前

■不安與擔心都來自內心

明明應該是這樣，結果卻出乎意料，所以你覺得很失落、很難過。這一切變得沒意義，為什麼呢？因為你期望的未來，不過是自己的幻想。

人生不可能事事如意，搞不好那些如己所願的事，只是一小部分罷了。

大部分事情都無法如自己所想，或是朝另一個方向前進，正因為如此，人生才

會如此有趣又奧妙。

若是朝著自己所想的人生前進，那就再也沒有比這更無聊的事了。因為要是看得到未來的結果，活著還有什麼樂趣可言。

「未來」是誰也無法預料的事，由衷希望大家能夠明白被未知的事物束縛，是毫無意義的事。

我們會對未來深感不安，好比公司業績一旦下滑，就會擔心自己「會不會被裁員」，逼近退休年齡時，就會擔心「光靠年金真的可以過活嗎？」。或是擔心自己「要是罹患重病，怎麼辦？」，任誰都會有這樣的不安感。

但請試著想想，這樣的不安與擔心大多是毫無根據的事。要是事情真的有跡可尋，當然另當別論，但什麼都還沒有發生，只是自尋煩惱罷了。

能否靠年金過活，唯有到時才知道，只要生活還過得去就夠了，不是嗎？若是真的不夠用，再找工作就行了。

換言之，其實不安與擔心的事物並不存在於「未來」，而是在你的「心」中。

「麻煩」一事也是如此，其實事情本身不麻煩，只是你的心任性地覺得它很麻煩，一顆心被尚未到來的明天束縛。

■今天是今天，明天是明天

禪學中只存在「現在」這時間，只著眼於「現在」這瞬間，專心於這瞬間。不將心放在過去，也不讓心遊走於未來，只求努力活在當下。

人生是由「今天」這日子累積而成，這是禪的根本思想。

今天是一天，明天也是一天，在心中清楚地畫一條界線。

面對明天必須處理的資料，如果時間允許，能在今天處理的話，那就今天開始處理。倘若是非得明天才能處理的事，就算今天擔憂也無濟於事，因為什麼也不能做，多想無益。

面對明天才能做的事，明天再想就行了。要是今天猛想，只會湧現麻煩的情緒。

就像明天必須出門採買，如果今天有空的話，想著不要拖到明天，今天就去。

但要是超市早已結束營業，根本沒辦法買的話，就別再想購物一事。

下個月必須做的事，下個月再思索就行了。清楚劃分今天與明天，就是這麼一回事。

還有一點，有些存在於未來的「麻煩」事，其實對你來說，大部分都是一點也不困難的事。

「明天必須完成這件工作，真是麻煩啊！」

你會這麼想，表示對你來說，這件事應該沒那麼困難。

如果明天要做的事是非常困難的事，重要到足以影響你的工作，這時的你就不會覺得「麻煩」，因為你根本沒心思想這種事。

就算是極為困難的工作，你也會想辦法完成，不是嗎？

買東西也是一樣，日常的採買本來就是麻煩事，何況每次都買同樣的東西，有時真的覺得很煩。

但若是採買特別的東西，像是大型家具或電器用品，卻不覺得麻煩，這是因為自己在心裡將事情劃分為「大事」和「小事」。

■工作沒有大小之分

工作沒有大小之分，也沒有不重要的工作，所有工作都有其意義，所以首先要改掉差別看待工作的毛病。

眼前有「必須要做的事」，這些事都是因為有緣，才會來到你面前。而且這些事情無大小之分，請明白對你而言，都是很重要的事。

盡心面對每件事而活，只要抱持這樣的心態，你會發現就連寫在紙上的那些「麻煩」事，都有它的價值與樂趣。

「麻煩」事存在於不久的將來，盡心處理這些小事，人生就是由這些事累積而成。

該做的事沒有大小之分，唯有盡心而活。

先擱著不管的念頭，只會困擾你

■一旦習慣先擱著不管……

麻煩事存在於不久的將來，有些事情雖然沒那麼困難，但就是提不起勁做，也就先擱著不管了。

好比：「反正一下子就能做完，明天再做也行吧！」

「好麻煩喔！等會兒再說吧！」

像這樣有點想暫時逃避不得不做的事，正因為不是什麼很困難的事，便容易延後處理，這種經驗任誰都有。

當然，就算先擱著不管，之後也能按照計畫處理的話，或許先擱著不管也是一招。

畢竟有時與其倉促行事，不如慢慢來、好好地處理比較好，但也不能凡事都抱著先擱著不管的念頭，是吧？

例如，有一件花個十分鐘就能搞定的工作，但恰巧手邊有其他事情要處理，難免覺得麻煩，心想：「等手邊這件事做完後，再來處理吧！」

如果像這樣麻煩卻簡單的工作只有一件，也就沒那麼難處理。

但如果有五件這樣的事情，可就沒那麼簡單了。假設處理一件事要花上十分鐘，五件就得耗費五十分鐘。不對，搞不好不只五十分鐘，必須花上一個小時也說不一定。

隨著先擱著不管的事情愈積愈多，心情也會愈來愈焦慮。

就算每一件都不是什麼困難的事，但累積起來也是莫大的負擔，結果就是心生厭煩，提不起勁處理。

先擱著不管的事愈積愈多的結果，就是你的心會被這些成了壓力的事情壓垮。

■正因為是小事，最好盡快處理

不少人被龐大的工作量壓得喘不過氣，每天面對排山倒海而來的工作，心情怎麼可能好得起來。但仔細觀察，也有人就算每天都有做不完的工作，還是活得從容自在。

請看看你身處的職場，若是同一個部門，其實大家的工作量都差不多，有人成天忙得焦頭爛額，卻也有人從容應付工作。

為何會有這樣的差異？雖然能力有差異也是原因，但我認為差距不大，何況能進同一家公司，彼此的能力應該旗鼓相當，然而表現出來的工作態度卻如此迥異。

兩者的差異究竟為何？我認為差異就在於**是否總是先擱著不管，沒有馬上付諸實行**。

正因為是小事，所以不能先擱著不管，我每天都這麼告誡自己。

例如，早上花三個小時處理某件工作時，突然有別的工作插進來，但不是那種很難、很重要的工作。

又好比要調整自己設計的東西，像是修改部分原稿、確認書名等，其實這些事只要花個十分鐘就能搞定。

這時不妨中斷手邊的工作，花個十分鐘處理突然插進來的事，把這情形想成是暫時喘口氣的時間，順手處理。

因為這時的你正在專心處理一件工作，所以腦子順暢地運作著，搞不好不到十分鐘便能做完。

那麼，如果突然插進來的工作先擱著不管又會如何呢？想著先處理完手邊的工作再說吧。結果花了三小時做完一件工作後，也沒力氣再做別的事了。

於是，想說「吃完午餐再處理好了」，又擱著不管，結果吃午餐時，你就會心生「好麻煩哦！」的念頭。結果原本花十分鐘就能結束的工作，搞到快下班前才處理。

想著先擱著不管，反正只是遲了三個小時，也沒什麼大不了。但可能因為你晚了三個小時處理，造成別人莫大的困擾。

■先擱著不管也會影響周遭

先擱著不管，不但會讓你萌生「麻煩」的念頭，也會造成別人的困擾。

譬如，部屬請上司過目一份文件，上司正在忙別的事，雖然部屬覺得很抱歉，還是希望上司能盡快看過，不然這件事就沒辦法進行下去。

這時，有些上司會這麼說：

「這件事很快就能處理好，先擱著吧！」

在這種上司底下工作想必很辛苦。

「既然很快就能處理好，那就現在看啊！」

部屬肯定這麼想。

也就是說，因為上司決定先擱著不管，結果部屬得承受苦果，成天被工作追得喘不過氣。

累積愈多先擱著不管的事，只會累積愈多壓力。

人生沒有「總有一天」

■總有一天要登上富士山

有句話：「禪即行動。」與其想東想西，不如付諸行動，這是禪學的基本教喻。也就是想做的瞬間，立刻行動，別先擱著不管，著手進行就對了。我認為這一點很重要。

除了工作和家事這些「不得不做」的事之外，人生中還有很多「想做的事」。

人如果沒有夢想和目標，便活不下去。不是什麼多了不起的事情也沒關係，重要的是否實現自己的夢想。

例如，「我總有一天要登上富士山」這個夢想，有些人因為沒什麼登山經驗，不曉得如何實現這個夢想，所以選擇先擱著。

「退休後再挑戰看看吧！」

「總有一天會去登的！」

但不知道是否能等到退休，況且也不曉得退休後，身體狀況如何。

■實現夢想的那一天，就是最美好的一天

我們不曉得人生會不會有「總有一天」，**其實「總有一天」這時間根本不存在。**

但有些人的口頭禪就是「總有一天」。

「總有一天我想做這個。」

「總有一天我想去那裡看看。」

或是說得更具體些，「總有一天會結婚」一事也是如此，嘴裡說著「總有一天」，其實毫無行動。我覺得以這樣的態度面對人生，真的很可惜。

「我想登上富士山山頂。」

當你興起這個念頭時，同時也要付諸行動，像是去書店買一本關於登山的雜誌，或是去趟登山用品店，抑或是開始培養體力，為登山做準備。

缺乏登山經驗的人，要想挑戰富士山登頂，不是一件容易的事。既如然此，不妨花幾個小時，先從挑戰其他山開始吧。總之，沒有開始行動就不會有登頂的一天。

不少四十幾歲，即將邁入五十大關的上班族開始考慮退休後的生活，像是接觸一直沒機會學習的事，過著自己喜歡的人生，勾勒著這樣的夢想，內心雀躍不已。

「我退休後想住在鄉下，過著農村生活。」

似乎不少人都有這樣的夢想，珍惜夢想很重要，但不能只停留在夢想，也要設法實現。

無論是什麼樣的夢想都無所謂，找到夢想的那一天，就是美好的一天，所以要努力實現夢想。

倒不是說要在上班時大肆規劃，更不是早退來做這件事。

而是做好從退休的隔天開始，便朝著夢想前行的準備，而且要以不影響工作為原則，找到屬於你的安身之所，好比利用休假日充實一些關於農務方面的知識。

總之，做些可以開始著手進行的事。

退休後想過著這樣的生活，要是完全沒有準備的話，就算再怎麼想望，也很難實現吧。也就容易遇到一件又一件的「麻煩」事。縱使如此，也不能打退堂鼓，輕易擊潰內心萌芽的夢想。

■「現在」就朝著夢想，踏出一步

人生的夢想不能暫且擱著。

如果你現在胸懷夢想的話，那就朝著夢想踏出一步，否則夢想可能半途消失。也或許會遇見截然不同的夢想，那也無妨。

夢想就是要開始往前走，形體才會愈來愈清楚，沒有踏出一步而看到的夢想，只是幻想。我們要追求的是夢想，而不是幻想。

將人生的夢想暫且擱著，無疑是浪費人生。倘若總是追逐人生的「總有一天」，心中的「麻煩」只會愈來愈多。

不是「總有一天」，而是「現在」就要朝夢想前進。

思考前，先行動

■盛雨水的器具

關山慧玄是京都妙心寺的開山宗師，也是帶領臨濟宗最大一派的高僧。

這是某天關山和尚與弟子們齊聚寺院本堂發生的事，那時突然下起傾盆大雨，結果本堂漏水。

只見雨水一滴滴地落進本堂，要是忽視不管的話，雨水會愈積愈多，關山和尚對眾弟子們說：

「為了不讓雨水弄濕本堂，大家去找找可以盛雨水的器具。」

於是眾弟子分頭尋找器具，有弟子走進寺院的器具室尋找，有弟子找來吃飯用的器皿，甚至有弟子跑到寺院外尋找。

這時，坐在關山和尚身旁的一位弟子，隨手拿起放在一旁的笊籬。

當關山和尚要大家「去找找盛雨水的器具」的同時，這位弟子順手拿起一旁的笊籬。

用笊籬當然沒辦法盛雨水，是個無法發揮效用的器具，其他弟子見狀，紛紛嘲笑他。

「用那東西怎麼盛雨水啊！」

「拜託你用點腦子吧！」

任誰都會覺得他的行為很愚蠢，心想關山和尚應該也是這麼認為，八成會責備這位弟子。

沒想到關山和尚非但沒有責備這位弟子，還稱讚他。只見他對拿著笊籬的弟子說：

「笊籬的確無法盛雨水，根本發揮不了作用，但你在判斷這東西能否發揮效用之前，率先行動。也就是說，你在動腦思考這、思考那之前，先付諸行動，這樣的行為就是禪的基本態度。」

有些人認為思考是禪修的基本，盤腿靜坐，專心打禪，有時還會和師父進行禪問，窮究真理。或是面向佛像靜坐，冥想靜思，這就是禪修。

當然，像這樣的修行也很重要，畢竟一天中有太多時間都要用腦、用心思考。

但其實禪修的基本，就是每天都要活動身體。

擦拭本堂各處，清掃寺院境內，總之有很多時間都是在活動。

在偏僻深山裡過著自給自足、身體每天都要活動的隱居生活，也是一種重要的修行。

為什麼活動身體也是一種重要的修行呢？這是為了藉由活動身體，去除腦中的雜念。

人心棲宿著各種欲望，像是食欲、物欲等，內心充滿欲望。也許還會萌生「麻煩」的念頭，或是想落得輕鬆的欲望，所以為了多少排除這些欲望，禪僧必須時常身體力行地活動。

■不能只靠腦子思考

寺院的僧侶們一大早就要做清掃工作，因為三百六十五天都是這麼做，難免會心生想逃避這件事的欲望。

「啊啊~今天好冷喔！這麼冷還要清掃，真討厭啊！好麻煩喔！」

有時也會迸出這樣的心情，為了塵封這樣的念頭，最好的方法就是什麼都別想，付諸行動就對了。

比起想著「今天好冷喔！」，先動手汲水，擰抹布。當手碰到冷水的瞬間，寒冷的感覺便沒了，就連覺得清掃很麻煩的念頭也消失，反覆這樣的行為就是禪修的基本。

關山和尚想告誡弟子的道理，就是「不要一味用腦子思考」。

雖然從這裡開始是我的想像，那些聽到師父說「去找找盛雨水的器具」的弟子們，其中應該有人萌生一點點邪念吧。

「啊啊～怎麼會突然下起那麼大的雨？」

「本堂怎麼會漏水呢？」

「要是整修本堂的話，就不必找什麼盛水的器具了。真是麻煩啊！」

肯定有弟子這麼想吧。

在找尋器具的這一小段時間，起了這樣的念頭。人就是如此，有時會萌生邪念。

除了覺得「麻煩」之外，「心也在漏水」，所以要馬上尋找可以盛接的器具。

沒有餘暇東想西想，立刻付諸行動，如果找到的器具起不了作用，趕快再找別的就行了。

就算東想西想，也不可能消除眼前的麻煩，而且愈想只會愈擴大麻煩。

只用腦思考，容易產生邪念。

第3章

「麻煩」的陷阱

別被無謂的虛榮心，束縛你的心

■無謂的虛榮心

我試著思考女性為何容易被表象所惑。

雖然我不是很了解女性的心理，但某位女性編輯曾告訴我一件有趣的事。

「我覺得女性強烈認為一定要讓自己看起來很幸福，就算其實不是很幸福，只要周遭人覺得自己很幸福，羨慕自己就行了。我覺得這是一種很特別的虛榮心。」

我認為這是一種很有趣的女性心態。

譬如，A女士與B女士都是三十幾歲，A女士已婚，育有一子，是家庭主婦。B女士則是幹練的粉領族，沒有情人的她一個人生活。若是比較兩個人的情況，大部分女性都會覺得A女士比較幸福。

其實外人不知道誰才幸福，也無法比較。但大多數女性認為A女士看起來比較幸福。由於內心潛藏著這樣的想法，認為女性最好在三十歲前結婚。結果一定要讓自己看起來很幸福的虛榮心，束縛著自己的心，逼著自己一定要找到另一半，忍痛辭去工作，步入婚姻生活，當個家庭主婦。

若是這樣的話，我覺得這是只看重外表，十分膚淺的虛榮心。

■媽媽好友們的「聚會」

然而，有些別人眼中很幸福的家庭主婦，也會被無謂的虛榮心所苦。

某高級住宅區有五位交情很好的家庭主婦，他們的孩子都是讀同一所幼稚園，而且五個好朋友每週都會聚在一起來個午餐會，雖說是午餐，但都是選在很高檔的餐廳。

每次聚餐，一個人至少都要花費超過二千日圓，但五個人還是邊享用美食，邊說：「下次我們去吃法國料理吧！四千日圓左右就吃得到了。」

但是其中有一位媽媽覺得這樣的聚會很浪費，就算住的是高級住宅區，但每個月的家計還是很吃緊。而且想到老公吃的都是一餐五百日圓的午餐，自己卻享用高級美食，總覺得過意不去，無奈虛榮心作祟，始終無法擺脫這樣的生活。

但這位媽媽愈來愈受不了，再也無法忍受自己的虛榮心，討厭裝作很幸福的自己。

於是，她向其中和她交情最好的媽媽說：

「我不想再參加這樣的聚會，厭煩這種裝模作樣的生活了，我想更有效率地活用時間。」

或許這麼做會讓她和其他媽媽們漸行漸遠，雖然難免擔心，但她覺得這樣也無所謂。

沒想到這位媽媽好友的反應令她意外不已。

「我也是這麼想呢！謝謝妳說出來，其實我也不喜歡這樣。」

有趣的是，有四個人覺得這樣的聚會很麻煩，只是礙於面子關係，不敢說出來。

於是，五個人的聚會就此告終。

但她們的友情依舊不變，四人不時會輪流去其中一人的家裡，來個午餐聚會。

只是吃的不再是高級餐廳的料理，而是每個人帶一道菜，既省錢又美味。

而且聊的話題也不一樣了，之前聚在一起都是吹噓自己家的孩子、老公有多麼棒，現在聚在一起則是聊些將來的夢想與工作。

不必再裝模作樣，表現真實的自己就行了。也不再覺得這樣的聚會很麻煩。

■取決於自己的生活態度

至於另外一位媽媽，則是又搞了個小團體，繼續享受奢華的午餐聚會。其實這種事沒有對錯，端看自己的生活態度，不是嗎？

畢竟也有人要是沒有虛榮心，便活不下去，非常在意別人的眼光與評價。也有人就是渴望得到他人的評價，希望周遭人羨慕自己。當然，也有不少人深為虛榮心所苦。

此外，團體中只要有一個人愛慕虛榮，就會衍生麻煩。

或許為了生存，有時必須虛榮一下，但要是覺得很麻煩，就別再勉強自己。**要是不懂得適時收手，就不是「麻煩」兩字可以解決。**

再小的麻煩，累積多了便會造成心裡的莫大負擔，為了避免囤積太多麻煩，一定要在麻煩溢出來前，拔除心裡的栓子。

以虛榮心構築的友情，絕對不會長久。

別被立場與責任束縛

■電車發生意外狀況時的光景

這是前幾天我站在月台上等電車時的事。

就在我想著電車怎麼一直遲遲沒來時，響起因為發生意外事故，電車會誤點的廣播。

不曉得會誤點多久，正當我想著該怎麼辦時，站在我身旁的一位男士，突然向站務員抱怨：

「到底會誤點多久?!要是耽誤到我的工作，你們要怎麼賠償我?!」

怒氣沖沖的他逼問站務員，只見經驗不足的菜鳥站務員不知如何回應，只能頻頻道歉。

我不是不了解這位男士的心情，但責備站務員也無濟於事，不是嗎？畢竟電車會發生意外狀況，是誰也無法預料的事，只能自己想辦法解決眼前的突發狀況。

看著這位明知這麼做也沒用，卻對站務員怒言相向的男子，我突然想到，也許這名男子在公司的地位比較低，才會將自己的壓力發洩在立場比自己弱的站務員身上。或許他是將日積月累的壓力，發洩在立場比自己弱的人身上。

這分明就是成人社會中的「霸凌」。

不能將自己的壓力發洩在立場比你弱的人身上。

責任分擔的界線，還是模糊一點比較好

■這不是責為部長該做的事

觀察我們身處的環境，總覺得凡事過於以「立場」來看待。

職場當然有明確的立場之分，像是身為上司或部屬的立場，或是同事之間的關係，也有委託者與受託者之類的立場。

不時耳聞上位者對下位者的言行十分粗暴，下位者只能忍氣吞聲地承受，飽受壓力。

立場有其存在的必要，尤其組織中要是沒有明確的立場，便很難清楚區分每個人的角色與責任，所以要是將立場曖昧化，便成了學校的社團活動，無法確立嚴謹的組織。

但要是太過拘泥於立場，反而讓自己做起事來綁手綁腳，不是嗎？

好比有些人身為部長，明明只是拿個影印的文件，卻刻意使喚部屬去拿，這種人還不少，是吧？

因為他們覺得貴為部長，怎麼可以自己去拿影印的文件。

如果剛好部屬們都在忙，一時之間找不到可以幫忙跑腿的人，只好東瞧西看，等著有人來做這件事。

結果花了五分鐘、十分鐘找人幫忙拿影印的文件，不覺得這麼做很浪費時間嗎？

既然看到部屬們都在忙，自己去拿就對了。這是只要花個幾分鐘便能搞定的事。

但有些人就是堅持立場，不願自己去拿，這樣的心態無疑是作繭自縛。

■別執著於立場

其實立場這玩意兒一直都存在，上司與部屬的關係也不是現在才有，但我覺得以往的立場沒那麼涇渭分明，就算身為部長或課長，這條立場的界線也不像現在如此一清二楚。

雖然角色、任務都有明確區分，但我覺得還是有哪一方做都行的曖昧緩衝地帶，多虧這樣的曖昧部分，才能產生互相體諒的感覺。

我是建功寺的住持，算是寺院的最上位者，但除了主持法事等，以及身為住持應負的責任之外，我不會特別在意自己的立場。

好比我看到寺院裡有什麼東西壞掉，如果時間允許的話，我會自己動手修理，不會刻意使喚年輕和尚。

譬如，寺院有住持、院內僧侶與弟子等分別，大家在修行路上互相鼓勵，雖然有主從關係，但沒有那麼執著與拘泥。

大家齊心協力守護寺院，我覺得這才是最重要的事，公司也一樣，不是嗎？

■別被責任分擔一事束縛

我認為夫妻之間的關係也一樣，近來愈來愈多家庭是夫妻一起分擔家事。

以往認為妻子理應負責所有家事，所謂男主外，女主內，姑且不論對錯，相信不少人質疑這樣的價值觀吧？

如今雙薪家庭十分普遍，不只為了維持家計，也是為了追求自己的存在價值。

我覺得這樣很好。在這樣的情況下，夫妻一起分擔家事也成了現今家庭生活的寫照。

有些夫妻會制訂明確的家事分擔表，像是丈夫每天早上負責丟垃圾，妻子負責料理晚餐，飯後收拾工作便交給丈夫，還有夫婦倆輪流清掃浴室等，詳細規定每件事由誰負責。

要是彼此能百分之百按表實行，當然最好，問題是不太可能。

畢竟丈夫可能早上睡過頭，妻子也會有太晚回家、來不及準備晚餐的時候吧。所以當丈夫睡過頭時，妻子得幫忙丟垃圾；妻子來不及趕回家做晚餐時，丈夫就得幫忙準備晚餐。

我想這時，夫婦倆都會心生「啊啊～好麻煩喔！」的念頭，覺得這件事不該落在自己頭上，就連枝微末節的事都嫌煩。

而且隨著這種麻煩程度愈來愈厲害，夫妻的關係有可能產生裂痕。

其實誰丟垃圾都行，不是嗎？反正看誰方便，順手而已。

準備晚餐一事也是，早一點回家的人幫忙準備就行了。當然，清楚劃分家事由誰負責並非壞事。

但要是過於拘泥責任分擔一事，生活就會變得很無趣，**所以我認為在責任分擔的界線中，保留一塊曖昧的部分很重要。**

責任分擔中保有曖昧的部分，便能體諒彼此。

親近就在我們身邊的菩薩

■留在現世不斷修行的菩薩

關於立場這件事，我再聊一下關於佛教的事。

雖然佛教世界沒有類似的上下關係，但其實佛教世界也存在著金字塔般的組織結構。

位於金字塔頂端的是「如來」。

「如來」是唯一開悟的存在，可謂君臨頂峰。

然後，依序下來的是菩薩。

也就是大家耳熟能詳的「觀世音菩薩」、「地藏王菩薩」等。

雖然是菩薩，其實是足以成佛的存在，想要到佛的世界，隨時都能去，地位甚至與如來一樣，所以菩薩是不斷地在修行。

然而，足以成佛的菩薩卻沒有去佛的世界。

菩薩沒有去佛的世界，而是留在現世不斷修行，為了普渡眾生而留在現世。

因為菩薩要是去了佛的世界，便無法看顧芸芸眾生，所以慎重地拉了一條線，不輕易跨越這條線，讓佛的慈悲心廣澤眾生。

佛教稱此為「菩薩行」。

雖然菩薩看起來是上位者，但其實菩薩是站在下位的立場，普渡眾生。正因為有此緣故，菩薩始終是最親近凡夫俗子，眾生信仰的對象。

■人本來並沒有什麼立場與角色之分

不妨將這段關於菩薩的解釋，驗證一下我們所處的現今社會吧。好比在公司，應該很少人會拒絕升遷機會吧。

有機會升遷，當然要把握住機會，但不能因此忘了底下人們的心情。也就是說，就算處於上位立場，也不能忘了自己曾身處基層，也就是非但不以蠻橫的態度對待部屬，反而更多一分體貼。

因為自己處於上位立場，所以不必再處理一些麻煩事，這麼想是錯的，正因為處於上位立場，更不能把麻煩事都推給底下的人。不拘泥於立場與頭銜，視對方為夥伴，如此才能贏得周遭人的敬重。

其實立場與角色，都是人們恣意催生出來的東西，人與人之間本來就沒有所謂的立場。

角色分擔一事也是，這是時常變化的東西，絕非一陳不變。
希望有更多人能注意到這一點。

正因為處於上位立場，更要體貼底下的人。

不要怕麻煩

■現在的學生不太去圖書館

我觀察現在的大學生，發現會去學校圖書館的學生愈來愈少。不只我任教的大學，似乎全日本其他學校也是如此。

大學必須符合國家認證的各種嚴格條件，校內圖書館的藏書便是其中一項，不僅要達到一定的藏書量，品質也必須兼顧。

為了創立一所大學，必須蒐集日本、不，世界各地適合大學教育的藏書，這是相當耗費心力的事。

況且特地為學生打造的圖書館，利用的學生人數卻愈來愈少，總覺得很可惜。

「為什麼不去學校的圖書館呢？」

我問學生，沒想到答案千篇一律。

「上網就可以找到想要的資料，還要跑一趟圖書館，太麻煩了。」

沒錯，這就是為何現在的學生不太去圖書館的原因。

的確，只要上網就立刻能找到需要的資料，免去還要跑一趟圖書館的麻煩，所以沒必要這麼做。

況且現在的大學生從高中時代便用慣網路，自然養成這樣的習慣。

我當然能理解他們的說法，畢竟去一趟圖書館查資料，少說也要花上半天的時間。上網查一下，幾分鐘便能搞定，效率非常高。

但是這樣真的好嗎？

■效率不高的作業，才是最重要的事

我就讀大學時，當然沒有電腦，所以每次交報告的日子一迫近，就得為了找資料四處奔走。

要是在自己學校的圖書館找得到最好，要是找不到適合的資料，就必須跑一趟縣立圖書館。

現在的學生肯定覺得這麼做很沒效率，又麻煩吧。但當時的學生一點都不覺得麻煩，大半天窩在圖書館查資料是很理所當然的事。

讀累了，眺望圖書館窗外的風景，便能望見鳥兒飛翔林間，這樣的光景多麼療癒心靈，成了支持自己再努力一下的力量。

有時就算找到需要的書，也無法立刻知道哪個部分是要找的資料，只能先瀏覽目錄，逐頁翻閱。在一片靜寂的圖書館裡，四處傳來翻書聲，如此悅耳的聲音令我想起美好的青春回憶。

當然，上網的好處是瞬間便能找到自己需要的資訊，不必遍覽目錄，也就聽不到翻書聲，雖然這樣的作業方式很有效率，但立刻就能得到資訊的方式，真的好嗎？

資訊與知識，絕對不是一問一答便能解決的東西。因為答案的周遭，一定隱藏著許多附加資訊，這些附加資訊對於今後的人生來說，都是助力。

也許這想法很落伍，但我真的是這麼想。

其實麻煩事中，潛藏著許多對今後人生有所助益的知識。

人生本來就充滿不合理

■沒有答案的提問

我發現一旦養成想盡辦法省時省力、一下子就找到答案的習慣，久而久之用腦子找尋答案的能力就會衰退。

我認為這對於人生來說，只會帶來負面影響，為什麼呢？因為人生沒有明確的答案。

好比我們禪僧修行時，會進行禪問答，也就是由師父提問：

「犬有無佛性？」

這句提問的意思是：「狗兒也有佛性嗎？」

有修行僧回道：「狗兒也有佛性。」也有修行僧回答：「狗兒的腦子無法思考這種事。」

當然這個見人見智的問題，沒有標準答案，那麼師父為何要提問這個沒有答案的問題？我想，這是師父為了教導我們「深思」的重要。

也就是拚命思考如何回應師父的提問，思索師父為何如此提問，找尋屬於自己的答案。

這就是「心的修行」。上網無法找到這個提問的答案，人生的答案也是如此。

人生充滿不合理的事。

明明自己沒做什麼壞事，卻接二連三遇到衰事。

有人活得很順遂、很幸福，也有人接二連三遭遇意外與事故。

「為什麼我的人生會變成這樣？」

感嘆自己的人生，但是再怎麼詢問，也找不到答案。

面對沒有答案的人生，只能不斷地前行。我認為唯有不斷前進的力量，心中才能蓄積各種資訊。換言之，沒有無用的知識與資訊。

■活著本來就是一件沒有效率可言的事

不只學生，無論你活到幾歲，都不能忘了要靠自己的努力學習各種事。尤其成了社會新鮮人之後，往往只著眼於與自己的工作有關的知識。

就算眼前有著能豐富人生的智慧，也會心想：「這東西和我的工作無關。」而選擇忽視，不是嗎？因為你認為著眼於不需要的事物很浪費時間，只想盡量省時省力，追求效率。

那麼，有效率的生活又是怎麼一回事？

有效率地活著一事，可以作為人生的目的嗎？

也許工作方面確實必須講求效率，但人生不應該也如此，為什麼呢？**因為活著本來就是一件沒有效率可言的事**。

人生充滿不合理與沒效率，希望大家別忘了這一點。

有效率地活著，並非人生的目的。

費些心思，就能讓「麻煩」消失

■現今社會的陷阱

正因為現今世界非常便利，只要覺得麻煩，自然有許多省事的方法，所以更不能滿腦子只想著如何省事。

比如清掃一事交給掃地機器人便能搞定，不必親自動手。

不必跑一趟圖書館，只要上網便能取得資料。

這是個凡事講求效率的時代，然而一旦習慣這樣的環境，久而久之便會忘了對自己的人生費點心思。

我認為不想對自己的人生費點心思，無疑是輕視自己的人生，這也是存在於現今社會的一大陷阱。

■捲土重來的黑膠唱片風潮

我想稍微換個話題，聽聞近來又流行聽黑膠唱片。以往只有黑膠唱片的時代，抱著大大的黑膠唱片走在路上是一件令人興奮的事。後來科技進步，發明小小一張CD，現在更是進步到不用去唱片行，只要有電腦或智慧型手機，便能隨時下載自己想聽的音樂。

而且比起買黑膠唱片來得便宜許多，又能免去許多麻煩。

然而，或許是對於時代的一種反抗吧。如今愈來愈多人蒐藏黑膠唱片，愛上用唱針播放的感覺。雖然這麼做有點麻煩，他們卻樂在其中。如何能讓消費者更省事地聽到自己想聽的音樂呢？這是家電廠商的挑戰目標。

於是，研發出「下載」這項功能，但現實是愈來愈多年輕人反抗這股潮流，恐怕這是家電廠商始料未及的事，因為他們一定如此堅信：

「使用起來很麻煩的黑膠唱片，肯定會從這世上消失吧！」

沒想到預測失準。

人生不也是如此嗎？乍看之下，不費心思而活的人生十分安穩順遂，確實也是。然而，**費心思的人生一定也蘊含著樂趣與充實感**，我認為這是本能可以感受到的事。

■為了生活而費的「心思」

要是所有事都不必費心思，那麼人類什麼都不做，也能活著吧。完全不用做家事，可以在家工作，也不用花時間通勤，隨時都能得到想要的資訊。

若是這樣的話，人類到底要做些什麼比較好？難道對於人類來說，所有的「麻煩」消失就是幸福嗎？

費點心思，不嫌麻煩地認真生活很重要。正因為費了心思，才能愛你做的事、對待的東西。正因為費了心思，才能從中得到充實感，這道理不僅適用於工作，也適用於日常生活。

我認為黑膠唱片風潮興起是一件非常好的事，這是面對一切只講求便利性的日本社會，所做的一點點反抗。

正因為察覺費心思的重要性，才能發現心靈充實真的很重要。

當日本社會重新體悟到「為了生活而費心思」的重要性，或許就會有愈來愈多的學生跑圖書館吧。期望這一天盡早到來。

不嫌麻煩地費點心思，就會愛上你做的事。

第4章

輕鬆看待
人際關係的「麻煩」

流於表面的人際關係，只會衍生「麻煩」

■「交際」是一件麻煩事

只要我們生存在這社會一天，就必須和各式各樣的人連結關係，只要踏入職場，工作中就會產生人際關係。

像是學生時代的同學、偶然認識的朋友等，人生有著許多人際關係。

好比遇到心靈投契的好友，或是朝著同一個目標努力的朋友，這些都是令人夢寐以求的人際關係。

然而，這些人際關係也有麻煩的一面，有時就算心裡不太願意，也必須往來，就算不想去，也得勉強走一趟，所以「交際」是一件麻煩事。

「交際」這行為自古就是人際關係的重要一環。自己擅自行動，很難得到周遭人的認同，彼此稍微克制一點自我層面，逐步建立關係，被視為是理所當然的事。

■利用社群軟體的交際行為

我觀察現今社會現象，人與人之間的「交際」變得非常拘束，不是適度的「交際」，大多是被既有的觀念束縛，強迫進行的「交際」，其中最具代表性的就是SNS（社群軟體）。

雖然我沒有使用社群軟體，但身邊許多人都有用，不可否認，這的確是一項非常方便的發明。不必刻意用電話聯絡，瞬間便能將必要的資訊傳送給對方，對於工作來說，真的很方便。然而，不少人感受到來自社群軟體的壓力，這也是不爭的事實。

除了廣泛應用於工作之外，社群軟體也影響個人的人際關係，「這週末有空嗎？」或是「明天要不要一起吃頓飯？」朋友之間也頻繁地用社群軟體往來。

雖然這般程度的交際不會帶來什麼壓力，但是久而久之，人與人之間只會用社群軟體對話。

「昨天在澀谷發生這樣的事情呢！」

「昨晚的連續劇好好看喔！」

人們開始用社群軟體聊些以往會打電話說的事，反而剝奪了自己的時間，因為收到對方傳來的訊息，必須趕緊回覆，要是擱了一段時間才回，擔心自己會被排除在好友群之外。所以也許因為這股恐懼感，現在很多人根本是手機不離身。

其實不需要將太多時間用於社群軟體交際，一次約一分鐘就行，但要是有人一天用個一百次，這樣一天下來等於耗費一百分鐘。

不覺得很浪費時間嗎？

■與由衷信賴的朋友同行

恐怕你的手機裡頭，登錄了超過一百位「朋友」的聯絡方式吧。我想請教一下，這一百位中有幾位稱得上是「朋友」呢？大多只是「認識」而已吧。

若是真正的朋友，當然願意把時間花在他們身上，倘若只是為認識的人浪費你的寶貴時間，實在不智。

「因為你都沒回應，我要和你絕交。」

要是對方如此回應，未嘗不是好事，不是嗎？會為了對方延遲回覆而生氣的人，根本稱不上朋友，只是流於表面的人際關係罷了。

其實像這樣流於表面的人際關係，最容易衍生出不必要的「麻煩」。

也許有人覺得透過電子郵件等通訊方式，一口氣認識許多朋友是很棒的事，但真是如此嗎？絕大部分都是連面都沒見過的人，卻還是每天透過電子郵件往來，真的稱得上是「人際關係」嗎？

就算稱得上是人際關係，但增加這樣的人際關係真的有加分作用嗎？真的能豐富你的人生嗎？我不認為。無謂地擴大人際關係，正是現代人的壓力來源。

禪學中有句話：「把手共行。」

原本的意思是：「與原本的自己相遇的人，一起心連心，手牽手的行動。」我將這句話擴大一點解釋：「**與由表信賴的朋友同行，是非常珍貴的事。**」

彼此就算相隔再遠，不使用社群軟體聯絡，一見面還是很投契，這種朋友只要一位就夠了。要是有兩位，那就是賺到了。

社群軟體上的「朋友」，只是「認識」罷了。

真正的人際關係，是心與心的交流

■「朋友」重質，不重量

有些人覺得朋友愈多愈好，社群網站上的朋友不斷增加，手機裡頭有超過一百位「朋友」的聯絡方式，這樣很幸福。但就我看來，只不過是幻想。

我覺得這樣的「朋友」數量，並不會為你帶來幸福。

我就讀大學時，還沒有發明電子郵件，也沒有手機，甚至連外地學生住的宿舍裡都沒有電話。

某天，有位朋友一整天都沒來上課，但他不是那種會翹課的人，我有點擔心，所以就問其他朋友說：

「他沒來上課耶！有人知道他為什麼沒來嗎？」

「不曉得耶！不過他昨天好像咳得很厲害。」

心想他可能感冒了，但他住的地方沒有電話，於是我和另一位朋友決定去探望他。

果然他發高燒，昏睡著，而且從昨晚就什麼也沒吃。

於是我們馬上去超市幫他買了便當和飲料，還替滿身大汗的他換上乾淨衣物，然後對他說：「我們明天再來看你。」才離去。

我覺得關心朋友是理所當然的事，隨著畢業後過了好幾年，我早就忘了這件事。

沒想到隔了十幾年，再見到這位朋友時，他由衷地向我道謝：

「那時候真的很謝謝你，我到現在還記得你那時買給我的便當的味道。」

他不太好意思地向我道謝的身影，深深烙印在我心裡。

正因為有如此溫暖的關係，彼此才能堅強地活著，不是嗎？

雖然我沒有那麼多朋友，而且多是大學時代的友人，但我們是以溫暖的心連結彼此，我覺得這才是所謂的人際關係。

■關掉「麻煩」這個開關

「我感冒了。」

只要在社群網站貼上這則貼文，肯定不一會兒便收到很多來自「朋友」的關心與問候。

「你還好吧？」

「有一種感冒藥很有效喔！」

「我上個禮拜也感冒了。」

僅僅幾分鐘，訊息便淹沒手機。

但這些傳送訊息的「朋友」中，有人會特地來看你嗎？又有幾個人是真正關心你的健康狀況？

手機裡儲存的一百位「朋友」，會為你帶來什麼？

可能有時會帶來歡樂吧。也可能陪你度過意外多出來的休假。

但同時，他們也可能是「麻煩」製造者。

雖說如此，也不能刻意斷絕關係，刪除他們的聯絡方式，你能做的就是與這些「朋友」保持距離，不必在他們身上花太多時間。

其實**我們根本無法做到與一百個人維持關係**，勉強維持只是帶給自己壓力。

人際關係衍生出來的壓力，會帶給心靈非常負面的影響，所以為了避免發生這種事，試著重新檢視人際關係很重要。

學習度過不用手機的日子，如果工作方面不允許的話，至少做到休假日時關機，我認為這和關掉人際關係的「麻煩」開關是一樣的。少理會一點人際關係的「麻煩」，便能對自己多一分關心。

練習度過每週一次「不用手機日」。

「好人」＝「爛好人」

■不必勉強和不投契的人往來

人際關係中的麻煩是主要壓力來源。那麼，人際關係中的麻煩究竟是怎麼一回事？

比方身邊都是和自己很投契的人，了解彼此的個性，朝著同樣的目標邁進，互相協助、關懷彼此。若是這樣的話，應該不會遇到人際關係方面的麻煩。

但要是恰恰相反呢？也就是彼此搞不清楚對方在想什麼。

凡事只以自己的利益為優先考量，不為對方著想，彼此過於自我，是無法建立良好的互動關係的。縱使如此，還是得處於硬著頭皮往來的窘境，是吧？

或許人際關係的煩惱就是來自這樣的情形，那麼該如何擺脫這種情況呢？

答案很簡單。

不必勉強和這種人往來，但現實中很難如此輕易切割。

因為你擔心要是這麼做，可能會影響自己的人際關係。

即便如此，我認為還是沒必要勉強往來，因為就算和這種人清楚切割，也不至於影響你的人際關係。

■一切只是因為你比較好說話

為什麼覺得對方「很討厭」、「好麻煩喔！」還是要勉強往來？或許是因為希望大家覺得你是「好人」吧。

誰都不想被別人討厭，希望被大家喜歡，被別人誇讚是個「好人」，身邊有很多朋友圍繞，覺得很開心，所以總是想著如何配合對方，就算自己不太願意，也會努力配合，明明自己有不同的見解與想法，還是勉強認同對方的意見。

這樣的你猶如一隻變色龍，總是配合周遭人，這麼做不但是非常麻煩的行為，久而久之也會衍生莫大的壓力，所以必須徹底明白一件事，**那就是不可能百分之百配合對方**。

而且就算你努力當個「好人」，也會有好心沒好報的時候。

好比有些人常被別人拜託做這做那，無論是工作還是私事，而且就算是很麻煩的事，還是覺得受人之託是一件開心的事。

「大家都很信賴我呢！」

「因為大家看重我，才會委託我。」

其實大多數情形只是因為你比較好說話。

「拜託他就對了，他絕對不會拒絕的。」

不是因為你值得信賴，純粹是因為你比較好說話，所以「好人」的意思其實是「爛好人」，或許覺得這說法很刺耳，但人就是存有利己之心。

■沒必要勉強自己當「好人」

總是接受別人委託的人，不會開口拒絕，因為他們誤以為要是開口拒絕，等於中止和對方往來。

心想要是拒絕對方，搞不好會壞了彼此的關係，只好勉強接受委託。

如果委託的是自己擅長的事，可以輕鬆搞定的話，答應幫忙無妨。但要是委託的事會造成自己相當大的負擔，就要有勇氣斷然拒絕。

因為一旦接受委託，就必須負責到最後，所以明知自己無法負荷，還勉強接受的話，絕對不可能做好。

況且委託一方是因為相信你能做好才委託的，結果卻讓對方大失所望，忍不住抱怨：「早知道會這樣，就委託別人了。」

一再重蹈覆轍的結果，就是失去信用。

不能因為想成為別人眼中的「好人」，便輕易接受任何委託。

自己必須客觀地判斷，「今天沒辦法，要是明天就可以。」「我不擅長處理這種事，建議你還是請別人幫忙比較好。」清楚地告知對方，如果對方因此疏遠你，那也無所謂。

因為這樣就疏遠你的人，反正只是把你當作便利貼使喚罷了。

就算拒絕，彼此的關係也不會告一段落。

不是「任性」，而是「忠於自我」

■「人氣王」的壓力

有些人是大家眼中的「人氣王」，無論是在公司還是朋友圈，社交場合總是少不了他。

「今天晚上一起去喝一杯吧！」面對別人的邀約，他從不拒絕。

「週末要不要一起去看場電影？」就算自己早已有其他安排，還是答應同行。

開心自己是個「人氣王」的同時，也要留意這份喜悅或許哪一天會變成壓力。

身為「人氣王」的弱點，就是凡事過於配合對方，以致於看不見自己要走的路。

也許我這說法聽來有些誇張，但人生就是由日常小事累積而成的。

若總是配合別人的步調，便無法依循自己的想法來行動。

當然不是說討厭的事一概不碰，也不是說只和自己喜歡的人往來就行。

畢竟自我意識過剩，也會活得很辛苦，所以不妨時常捫心自問。

「答應這個請求，真的好嗎？」

「偶爾和他們去喝幾杯，真的好嗎？」

「我無法接受這樣的安排，還是清楚拒絕吧！」

一邊在自己的內心架構堅強的意志，一邊經營與對方的關係。只要能留意這一點，便能消除人際關係中的大部分的「麻煩」吧。

■「忠於自我」與「任性」

我們要以最真實、毫不矯飾的自己對待別人，因為要是勉強自己配合對方，這樣的「自己」絕對撐不了多久。

如同「十人十色」這句話的意思，一百個人就會有一百種想法與個性，因為所有人都有「最真實的自己」。

也就是說，勉強自己和一百個人來往，根本就是一件不可能的事。

表現「最真實的自己」，與「任性」根本是兩回事。「任性」是強迫別人接受你的想法，要求對方聽從你的意見，你的安排。

我們當然要有自己的想法，但強迫對方接受的瞬間，這想法便成了任性。所以我們要將自己的想法清楚傳達給對方，也不要輕易否定對方的想法。

我認為這樣彼此才能以「真實」的姿態往來，好比有人邀約你「今晚去喝一杯」，但你今天想早點回家看書，這時，你可以很明白地告訴對方「我今天想回家看書」。

避免曖昧地拒絕，清楚傳達自己的意思，這也是人際關係的一種禮貌。

如果對方批評你「不隨和」，也無須介意，因為「不隨和」真的是負面評價嗎？換個角度想，「隨和」這字眼真的能為自己加分嗎？其實這種事沒那麼重要。只是因為拒絕一、兩次，就覺得別人「不隨和」，那麼天下所有人不就都成了「不隨和的傢伙」嗎？

■忠於自我

不是滿腦子想著對方如何看待你，而是思考自己想怎麼做。

自己究竟想怎麼做？不勉強自己，正視真實自我的心，活著就是不停和自己的心對話。

人際關係中潛藏著「麻煩」，但「麻煩」不是潛藏在自己與某個人的關係中，好比夫妻或是上司與部屬的關係等。

我認為這個「麻煩」潛藏在自己的心裡，唯有改變自己的心態，才能除去人際關係中的麻煩。

換言之，**唯有改變自己的心態，才能逃離人際關係的「麻煩」**。

別想著當個「好人」，而是忠於自我。

活著就是與自己的心對話。

麻煩傢伙的三個特徵

■什麼樣的人是「麻煩傢伙」？

「那個人好麻煩喔！」

雖然我們現在常聽到這句話，但是以往很少聽到這樣的說法。

「麻煩」這字眼是用於具體的事物上，不是用來評價一個人。

然而，**近來也會將「麻煩」這字眼用來形容人，像是「麻煩傢伙」**。

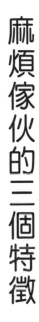

想想，這樣的表現手法還真是曖昧，根本不曉得到底哪裡麻煩。我感覺這字眼被濫用的結果，就是人際關係變得更麻煩。

那麼，「麻煩傢伙」指的是什麼樣的人呢？我認為，或許具備以下三個特徵吧。

第一個特徵是，凡事以自我為中心的人。

也就是「自我意識高」，凡事以自我為中心來考量，不太理會他人的感受，以自己的喜好為主。

這類型的人習慣將自己的想法強押在別人身上，不聽別人的意見，應該不會有人想和這樣的人往來才是。

第二個特徵是，對於任何事情都很執著的人。

無論是工作方式還是生活習慣，總之，這類型的人很執著於一件事，即便有其他方法也充耳不聞，希望一切如自己所想的進行。

所以就算有好的建議，這類型的人也不會改變自己的作法，強調這件工作只有這個作法可行，不認同其他作法。他們非常執著於一件事，要是上司或部屬有這種類型的人，往往就是麻煩的根源。

有些人則是執著於人際關係。

即便和對方只是偶然結識，也會擅自以為彼此的關係很要好，希望能和對方一起行動。

要是看到對方和別人比較要好，還會心生嫉妒。和這類型的人相處，關係不錯時還好，要是起了點爭執，很容易爆發衝突。

「麻煩傢伙」的第三個特徵就是「白目」。

怎麼個「白目」法呢？一言以蔽之，就是無法拿捏好與別人之間的距離。

■別總是以自我為中心

第三個特徵複雜地混合著第一個與第二個特徵。

凡事以自我為中心，又過於執著，結果就是無法拿捏好與他人之間的距離，因為無法拿捏好距離，所以總是狀況外。

我想，「麻煩傢伙」指的就是具有這三個特徵的人。

但是仔細想想，任誰都有這三個特徵，不是嗎？

雖然凡事以自我為中心的人，被貼上負面標籤，但恐怕大多數人都有以自我為中心這個特徵。

無論是誰都會覺得自己最重要，就算想為別人做些什麼，也會或多或少考量自己的利益。

我們很難為了他人，拋卻自己的一切，卻又希望對方能理解自己的想法。

重要的是，我們要有不硬是端出自我的器量。

當自我與自我抵觸時，勢必引起紛爭，因為彼此都是獨立的人格，起衝突也是在所難免，但衝突的結果往往會衍生麻煩。

有自我意識絕非壞事，但是要稍微控制自己的心，避免過度表現自我。

過度表現自我，
就會成為別人眼中的「麻煩傢伙」。

不要期望他人能百分之百理解你

■什麼是「真心話」？

承前述，人際關係中還有一個麻煩的字眼，那就是「真心話」。當你想要拉近與對方的距離時，就會萌生想互相坦誠以待的欲求。然而，當這股欲求無法得到滿足時，就會責備對方「不說真話」、「搞不清楚他說的到底是不是真心話」。

當然，也有表明「今天我們互吐真心話吧！」的時候。

那麼，究竟什麼是「真心話」？

或許一般人認為的真心話就是「內心所想的真正心情」，或是「當下湧現的真實情感」，若是如此，脫口而出的「真心話」勢必會引發衝突。

雖然彼此說好互道真心話，卻因此爆發衝突，結果如何呢？就是淪為小孩子的爭吵罷了。

因為彼此一股腦地說出想說的話，也就無法冷靜對談，演變成「不想再繼續往來」的地步。

■真心話是一門「人生哲學」

「真心話」並非當下湧現的情感，而是自己該如何走在人生這條路。

對你來說，什麼是人生最重要的東西？要擁有什麼樣的信念而行動？我認為

「真心話」就是這麼回事。換個說法，**所謂「真心話」就是這個人的人生哲學**。

因此，彼此道出「真心話」是極具意義的事，有助於了解彼此。互相道出自己的人生哲學，便能避免無謂的衝突，為什麼呢？因為不會摻雜無謂的情感。

當你想和對方傾吐真心話時，唯有摒除一切情緒，才能平靜地分享彼此的價值觀。

彼此的價值觀與人生哲學，不可能完全一致，畢竟一百個人就有一百種人生哲學，若能明瞭這一點，便多少能找到彼此的共通點。雖然認同對方的某些觀點，卻無法理解，就算這樣也沒關係，因為不見得要完全理解對方。

不要期望別人能百分之百理解你，也別想要百分之百理解對方，彼此才能保持「友善的距離」。

真心話不是「坦率的心情」，而是你的「人生哲學」。

「分享」同樣的心情

■體驗同樣的事，吟味同樣的心情

雖然我們無法百分之百理解彼此，還是能夠分享彼此的心情，藉由分享，構築良好關係。

禪學中有「同事」這字眼，意思就是體驗同樣的事，吟味同樣的心情。

好比失去至親的悲痛，除非有過同樣經驗的人，否則很難感同身受。當然，或許能夠想像這樣的心情，也能想像有多麼悲傷，但除非有過相同經驗，否則很難理解真正的悲傷。

所以和有過相同經驗的人往來，多少可以從中得到療癒。

■理解彼此的悲傷

我認識的一對施主夫婦痛失幼子，即便喪禮過後，四十九天法事也圓滿結束，夫婦倆的喪子之痛依舊難以平復。他們幾乎每天都來到兒子的墓前，雙手合十，淚流不止，就這樣持續了半年。

我時常瞧見太太那日益消瘦，逐漸失去活力的身影。

因為她那憔悴的模樣令人不忍，於是我忍不住對她說：

「我知道您很悲傷，也很難過自己無法完全理解您的悲傷，所以只能雙手合十，為您祈福。這世上一定有很多和你們有著相同經驗的人，要不要試著和這些人結緣呢？」

我努力說出這番話。

過了半年後，我遇到來掃墓的這對夫婦，雖然悲傷不可能完全消除，但至少可以從他們的表情感受到一些力量。一問之下，原來他們參加一個由同樣有喪子之痛的父母所組成的團體，分享彼此的悲傷，彼此哭泣宣洩。

藉由「同事」之心，療癒彼此的心，從中得到力量。

■人無法獨活

如果你現在有什麼難解的煩惱，被什麼痛苦折磨，不妨試著尋找有同樣經驗的人，找尋能分享這種心情的人。

只有自己深受這種痛苦。很多人容易有此迷思，其實絕非如此。也有很多人面臨工作上的難題，所以一定有人和你遭遇同樣的痛苦，試著和這些人結緣。

所謂的「同事」，並非在原地打轉，而是試著尋找能夠療癒痛苦與悲傷的地方。求的不是互相「理解」，而是互相「分享」。

人無法獨活，也無法堅強到能夠獨自承受所有痛苦，所以每個人都需要與別人分享心情，尋找心中的「同事」。

不過我覺得也沒必要完全分享，只要與別人分享心中的一部分就行了。

藉由「同事」之心，相互扶持。

盡心對待「眼前」的人，自然沒有所謂的好惡感

■戴著有色眼鏡，讓你萌生好惡感

人際關係當然也有好惡之分，應該沒有人喜歡自己周遭所有人吧。

正因為有程度上的差別，才會有你怎麼也無法喜歡的人，也許是因為和對方不投契的緣故。

那麼，為何有人讓人無法喜歡，甚至覺得討厭，不知如何與他相處呢？

譬如有人告訴我：「他是讓我覺得非常棘手的類型。」於是我反問他：「他哪裡讓你感覺棘手呢？」幾乎十之八九都沒有明確答案。

「就是討厭他的聲音。」

「就是不認同他的說法。」

「我們就是合不來。」

雖然試圖探究討厭對方的理由，卻找不到明確的理由，其實這個曖昧理由的廬山真面目就是自己戴上有色眼鏡。

譬如，有些人會讓你想起不愉快的過去，總覺得他很像某人，無論是聲音還是口氣都很像，所以這麼感覺的瞬間，就已經覺得他是讓你感到棘手的類型。

儘管聲音、模樣都很相似，但他並非那個曾讓你有不愉快回憶的人。雖然你很清楚這一點，還是被自己的有色眼鏡深深左右。

如果對方又讓你留下不好的印象，你就只會記住他不好的地方。雖然每個人有優點，也有缺點，但你在他身上貼的「棘手類型」標籤，怎麼樣也無法撕掉，**所以**

在給別人貼標籤之前，先拿掉自己的有色眼鏡和先入為主的觀念，這一點很重要。

■問題不是出在別人身上

「住持您沒有討厭的人嗎？對別人沒有好惡感嗎？」

本書的編輯這麼問我。

因為平常沒時間想這件事，所以我試著思考後，回道：「沒有。」就算把周遭人都想過一遍，還是沒有讓我討厭的人。

這麼寫的我聽起來像是聖人君子，但我絕對沒有這個意思。當然也會有讓我覺得棘手的事，也會因為對方的一句話而覺得心裡不舒服，要說完全沒有發生過讓我發火的事也不可能。縱使如此，還是想不起有誰讓我很討厭。

為什麼人會有好惡感？我認為，或許是因為偶然看到認識的人，表現出來的真實模樣。

那瞬間，這個人到底是什麼心態？想要從我這邊得到什麼？只是因為自己有這樣的想法。

不要被過往的事、某天說的話所束縛，**只要專注「現在」這瞬間**，以這樣的心態面對對方，就不會萌生好惡感。

我們往往被別人曾對自己說過的話、做過的事所束縛，而模糊化眼前的人，或是過於顧慮將來的事，而心生算計，好比盤算著和對方長久往來，便能贏得對方的好感，或是勉強自己和討厭的人往來。

自己恣意想像將來的事，滿腦子胡思亂想的結果，反而無法瞧見這個人當下的真實樣貌。

身為寺院的住持、庭園設計師以及大學教授的我，每天都會接觸到各式各樣的人，也會考量到上下關係與利弊得失等，但我還是會摘掉有色眼鏡，只專注對待此時此刻站在我面前的人。

當然還是會有覺得棘手的時候，但是我會提醒自己隨著和對方分開的瞬間，就要忘了這種感覺。只要讓這種小小的棘手意識停留在心中，一定會化為先入為主的觀念，在心中扎根。因此，必須在扎根前就忘卻。

無謂的想法與先入為主的觀念，自己戴上的有色眼鏡，都是讓人際關係衍生「麻煩」的原因。

好惡感不是因為對方的緣故，也不存在於與對方的關係中，而是棲宿在自己的心中。

我說我沒有好惡感，或許這說法不太對，與其說沒有好惡感，應該說我不在意好惡感。喜歡這個人，討厭這個人，正因為煩惱著這些事，才會覺得麻煩。

就算覺得棘手，但是與對方分開的瞬間便忘了。

面對怎麼樣都合不來的人，保持最低限度的禮貌

■稱讚讓你倍感棘手的人

不要一味去想對於別人的好惡，只要下意識地這麼提醒自己，多少還是可以做到，但現實中還是有其難度吧。

尤其在職場，好惡的情感也會影響工作，明知不能將這樣的情感帶進職場，但只要是有人聚集的地方，便很難避免這種事。

職場上就是有那種讓人倍感棘手的人，如果可以的話，真的很不想和他往來，但為了工作，還是得硬著頭皮打交道。

面對有此煩惱的人，我的建議是：「盡量試著稱讚對方，如何？」

每個人都有優缺點，視個人的看法不同，優缺點也會改變。優點變成缺點，換個角度來看，缺點也會變成優點。

■就算對方做事總是慢半拍，也要稱讚

就像有人做事總是慢半拍，所以老是被上司斥責：「難道就不能快一點嗎？」但是仔細觀察這種人，就會明白他們是因為慎重對待工作，所以多花了一點時間，謹慎處理工作。即便遲了一點，卻鮮少出錯，建議著眼於他們鮮少出錯這個優點。

「你做事很仔細，很少出錯呢！雖然這樣很好，但速度稍微加快一點會更好。」

只要這麼說，對方自然會提升效率，要是一味斥責，只會讓對方失去信心，反而容易出錯，優點也會變成缺點。

沒有人不喜歡接受他人的稱讚，即便是再怎麼微小的事，被別人稱讚都會開心不已。

而且也會對於稱讚自己的人，留下好印象，所以盡量挖掘對方的優點，不吝稱讚。只要有此認知，並付諸行動，人際關係一定會愈來愈好。

還有一點，那就是盡量早一點稱讚對方。譬如，彼此都覺得對方是倍感棘手的類型，一旦忽視這種心態，只會讓彼此的關係愈來愈糟，因為兩人的內心都築了一道牆，心已經變硬了。

所以就算突然稱讚對方，對方也無法坦率接受。

「你幹嘛突然這麼說啊？很噁心耶！」

對方八成會這麼想吧。所以要在彼此的關係尚未僵化之前，發覺對方的優點，不吝稱讚。

■面對怎麼樣都合不來的人，保持最低限度的禮貌

對方給你的第一印象很差，怎麼看都是倍感棘手的類型，如果你有此感覺，更應該試著稱讚對方，無論是多麼瑣碎的事都無所謂。

「你的領帶顏色很好看。」

「聽說你很優秀喔！」

總之，先主動釋出善意。第一印象很重要，決定彼此的關係，正因為如此，不難想像彼此會憑第一印象，戴上什麼樣的有色眼鏡。

一旦戴上有色眼鏡，內心就會出現一道牆，所以要在這道牆出現之前稱讚對方，拉近彼此內心的距離。

然而，還是有那種就算摘下有色眼鏡，稱讚對方，努力拂去先入為主的觀念，但還是無法喜歡的人，這樣就沒有理由可言了。

就算想破頭，也找不到和對方不合拍的理由，那就一定是你的內心在逃避。如

果有個人讓你感覺如此，那就別勉強自己主動示好，因為你付出的努力反而會變成壓力，無須刻意討厭對方，也沒必要強迫自己喜歡對方。

保持最低限度的禮貌，只在工作時有良好的互動，維持淡淡的關係就行了。

公司裡難免有那種無論公私，都讓人倍感棘手的人，面對這種人，無須勉強自己對他敞開心房。

但也沒必要刻意表現出你很討厭他，反正你和他的緣分會自然淡去。

讓你倍感棘手的人，自然會遠離你。

第5章

簡單幾招，就能消除「麻煩」

珍惜早晨時光

■家庭主婦真的很忙嗎？

有些人無論是工作還是家事，總是一副很忙的樣子。

「忙到沒時間。」

「那件事不做不行，啊啊～真是麻煩啊！」

總是不停抱怨。雖然工作量和其他人差不多，但只有他總是看起來很忙碌。

家事方面也是，其實大家每天要做的家事都差不多，像是料理三餐、打掃家裡、洗衣服等。

單純想想，比起只有一個孩子的家庭，有三個孩子的家庭的家事量肯定比較多，光是要洗的衣物量就增為三倍，要準備的餐食量也是三倍。

那麼，家裡有三個孩子的家庭主婦，每天花在做家事的時間，比只有一個孩子的家庭多上三倍囉？

■其實「時間不夠用」，都是自己的問題

A女士與B女士都是家庭主婦，A女士有個就讀小學的孩子，B女士有三個小孩，老大已經上國中，所以花在孩子身上的時間絕對比A女士多。

但是A女士老是嚷嚷「時間不夠用」，感覺一整天都忙得團團轉。

另一方面，要照顧三個孩子的B女士，卻顯得一派從容。

那麼，問題究竟出在哪裡呢？我想大家應該很清楚。

那就是能否善用時間。

觀察A女士的生活，她送孩子上學後，便看了兩個鐘頭的電視。

看完電視後，才開始洗衣服、打掃家裡。

而且通常邊打掃，邊滑手機。

不知不覺到了中午，就吃早餐剩下來的菜當午餐。

然後休息約兩個小時，這時孩子們剛好放學。她出門購物，回到家時，天都已經暗了。

感覺有點浪費一天的時光。

所以A女士老是喟嘆：「時間不夠用。」卻沒發現問題就出在自己身上。

反觀B女士，習慣早上便做完所有家事。送三個孩子上學後，馬上打掃、洗衣服，趁衣物丟進洗衣機清洗時，開始打掃家裡各處，通常兩個鐘頭就可以搞定，然後休息一下，再出門購物。然後邊吃午餐，邊準備晚餐的食材。

下午兩點左右，B女士已經忙完一天的家事，所以到做晚餐之前，都是屬於自己的時間。

B女士可以做她最喜歡的編織或是閱讀，悠閒地享受一個人的時光。

這樣的生活，讓B女士看起來總是一派從容。

利用早上時間做完家事，善用每一天的時間

明天要做的事，明天再做

■動手比動心還快

心想：「好麻煩。」

無謂的時間中隱藏著這樣的心情，好比非得打掃家裡一事，許多人覺得很麻煩，如果可以的話，真不想做。

心想：「好麻煩喔！」時間就這樣不知不覺地流逝，想著先休息一下，先吃個點心再做吧。

其實休憩時間會誘發「麻煩」的感覺，而且隨著休憩時間拉得越長，這種「麻煩」的心情也會膨脹。

「打掃真的是一件很麻煩的事啊！」

當你萌生這樣的念頭之前，先動手做吧！

我認為善用一天的時間很重要。我每天早上四點半起床，誦經、打掃寺院等，與其說這些事是工作，不如說是修行的一環，也是我認為應該優先處理的事。

通常約早上七點到八點，我便做完僧侶應該做的事，接下來就是專心處理當天必須處理的工作，有時候十二點可以處理完畢，有時則是要到下午兩點才告一段落。總之，我會盡量要求自己早上專心處理工作的事。

腦子果然在早上這個時段最清楚，明明早上花一個鐘頭便能完成的工作，拖到下午就得花兩個鐘頭才能搞定，可見專注力隨著時間分秒經過，也會逐漸衰退。

忙完早上該做的事情之後，心情也會變得輕鬆，雖然下午還有工作要處理，但不是很急迫的工作，至少可以按照自己的步調，按部就班地進行。有時候下午會有一個小時的空檔，這種忙裡偷閒的感覺便成了莫大的喜悅，可以做些自己想做的事，光是這麼想，心都變得輕盈。那麼，要做些什麼呢？這是一段可以隨心所欲支配的自由時間，也是靠自己的力量催生出來的時間。

無論這段時間是一個小時還是三十分鐘，**都是不被任何事束縛的自由時間，藉由這段時間，讓心情更從容**。

我認為還有一點很重要，那就是今日事，今日畢，明天的工作，明天再做。

例如，今天有一個小時的空檔時間，便很容易興起這樣的念頭：「既然有一個小時的空檔，那就先處理一下明天的事情吧。」想說多少先做一點，明天就能比較輕鬆，這麼想可就錯了。

今天先處理明天的工作，明天或許會有一個小時的空檔，搞不好多出兩個小時。這麼一來，又會想先處理隔天的工作。乍見之下，這麼做似乎很有效率，但這樣的情形一再重複，結果就是成天被工作追趕，心情根本無法放鬆。

■養成今日事，今日畢的習慣

無論是工作還是家事，只要你還活著，就沒有結束的一天。

所以要是追著明天的工作、明後天的家事做，情緒反而緊繃，我認為除非必要，不要搶先做完明天的工作，這一點很重要。

完成今天該做的事，明天的工作，明天再處理，亦即明確區分工作段落。別將傍晚空出來的一小時用於處理明天的工作，應該要用於今天，因為就算用來處理明天的工作，進度也不會超前多少，專注力反而降低，只能做到明天約三十分鐘的分量。

既然如此，何不好好享受自己努力催生出來的這段空檔時間呢。

今天的時間，就要用於今天。

時間之前，人人平等

■歲月不待人

有一句耳熟能詳的禪語：「歲月不待人。」出自東晉詩人，陶淵明的詩。

「有時一回神，發現時間眨眼即逝，人生有盡頭，今天這日子不會再回來，所以不要浪費每一天，要珍惜每一天。」

就是這樣的教喻。

這句話不是要我們活得辛勤忙碌，一整天都在辛勤工作。**而是要我們珍惜一天中的每一刻**，這是我對於這句話的解讀。

那麼，什麼是無謂的時間呢？除了用於工作和家事之外，其他都是無謂的時間嗎？不是的，就像前述提及的空檔時間，絕對不是無謂的時間。

利用好不容易空出來的一小時散步，給花木澆水，這樣絕對不是無謂的時間，而是對於心靈來說，一段不可或缺的時間。

無謂的時間就是無法專注於該做的事，只是茫然地度過這段時間。以本書的書名來說，就是嫌「麻煩」地做著某件事的時間。

也就是說，無謂的時間不是由於具體行為，而是取決於想法。

為了能更從容地度過一天，好比試著從明天開始提早三十分鐘起床。每天早上六點半起床，幫孩子做便當，到孩子出門上學，這段時間只有一個小時，所以每天早上都得趕著做早餐、準備便當，如果你覺得這樣倍感壓力，不妨試著提早三十分鐘起床。

只要改成六點起床，就能多出三十分鐘，不必手忙腳亂地準備早餐，也能從容地打理孩子們上學。無論是自己和孩子，都能輕鬆地度過早晨時光。

「可是我早上起不來，哪怕多個三十分鐘也好，也想多睡一下。」

或許你會這麼想，但這是習慣問題，花個幾天就能養成早起的習慣。

我認為早上提早三十分鐘起床，這三十分鐘是宛如寶石般珍貴的時間。

■如何利用時間，端看自己

提早三十分鐘起床，還能讓你從容地出門上班。相反的，要是猛賴床，結果就是慌張地啣著一塊麵包，衝向車站。

好不容易趕到公司，還要花一點時間讓自己的腦子切換成工作模式，無疑是浪費早上的大好時光。

只要提早三十分鐘起床，就能悠閒地喝杯茶或咖啡，還可以看一下報紙，然後神清氣爽地出門，前往車站搭車。提早一點到公司的好處，就是有時間準備接下來的工作。

一天的工作提早完成，還有空檔時間準備隔天的工作，不會浪費寶貴的一天。

「歲月不待人」。

時間之前，人人平等，而且時間不會等待任何人。讓「某段時間」充實，還是無謂地度過，取決於自己。

無謂的時間，就是茫然度過的時間。

擁有三位能幫助自己成長的良師

■三位良師

禪僧從開始修行到成為獨當一面的僧侶，其實這段過程中，有三次可以憑自己的意志，挑選師父。最初是「得度」時期，也就是決定出家的時候，這時可自行決定由哪位師父引領。

因為我生在代代傳承住持一職的家庭，所以家父是我的師父，但若不是生在這般環境的人，可以親自拜訪師父，跟著師父生活一段時間。得到師父的允許，便能成為座下弟子，除非因為什麼理由被拒絕。

然後在本山僧堂或地方的僧堂，開始稱為「雲水」的修行。一般進行雲水修行時或是修行結束後，便能選擇引領自己更上一層樓，稱為「法導師」的第二位師父。

經過好幾階段的修行，才能成為獨當一面的僧侶，一旦進入這個階段，就必須決定自己今後要承繼誰的法，也就是「傳法」。僧侶會思考自己想承繼哪位大師的教誨，想將哪位大師的教誨傳於後世。而那位能陪伴成為僧侶後的自己，走在傳法路上的師父，就是他的第三位師父。

選擇權在自己手上，有人始終跟隨一位師父，也有人的第一和第二位是同一位師父，只有最後一位師父不一樣，當然也有人的三位師父皆不同，端看個人意志與緣分。

為什麼會有這樣的慣例呢？因為考量到每個人的想法不同，以及與師父的契合度等。如果從一開始到最後都是跟隨同一位師父，恐怕會心生嫌隙。因為就算貴為師父，也會有怎麼樣也合不來的時候，畢竟僧侶也是人，難免會有好惡感。

所以**有三次選擇，可以避免這樣的問題**。如果與目前跟隨的師父實在合不來的話，進入下一階段時，便能另擇良師，算是給自己留一條退路。

另一方面，修行的過程中，也可能會有別的、更大的緣分開啟，這時跟隨緣分的結果，多是師事他人。

■尋覓職場上的良師

職場的人際關係不也是如此嗎？

直屬上司是影響你最深的人，要是和上司合不來，這可是整個組織的問題，無法逃避。

或是不僅合不來，對於工作的價值觀也不一樣，就連想要努力的目標也不同，但礙於對方是上司，還是得聽從指示。

此外，上司令人無法尊敬堪稱是最糟的情況，不但無法從他身上學習到什麼，還常常做出錯誤的指示，要是每天都是如此，勢必會成為不小的壓力，「麻煩」的念頭讓你心神疲憊。

那麼，面對這種情形該如何是好？既無法避開直屬上司，也不能無理反抗，身為組織的一份子不能這麼做。建議這時要像禪僧修行般，在職場找尋三位良師。

你能做的就是除了聽從直屬上司的指示，**還可以向自己景仰的前輩，或是想學習的人請教**。

好比這個人是另一個部門的主管，你就得主動積極地向他請益。你的上司不只直屬上司，只要是值得尊敬的人都是你的上司。

但是這個念頭不要讓別人察覺比較好，因為要是直屬上司知道你跟別的部門主管往來熱絡，肯定不太高興。

「他該不會到處說我的壞話吧！」

「那傢伙就這麼討厭在我的底下做事嗎？」
只會讓直屬上司誤會。
「我很尊敬○○部的課長。」
「昨天○○部的部長帶我去喝了幾杯，從他身上學到很多。」
倘若你向直屬上司這麼報告，我想，應該沒有上司會責備虛心學習的部屬吧。
如果上司因此嫉妒、懷恨的話，那麼這種上司也不值得跟從。反正做滿三年就有機會調動部門，所以在此之前，只求能夠安穩做事就行了。

■常保選項不只一個

自己的身邊有三位良師，而且良師不限於公司，像是客戶的公司，或是因為某種興趣而認識的同好，都可以成為自己的良師。

找到能幫助自己成長的良師，而且良師可以不時更換。

就像禪僧的修行，不是一旦決定便無法改變，一切隨緣就對了。有時每一年換一位新老師也無妨，重要的是，別被一位上司束縛。

所以擁有好幾個選項比較好，這是誰都能有的權力。別拘泥於單一選項，因為被一個人束縛，很容易產生壓力。

也就是別把焦點定於一處，一旦內心累積壓力，不妨試著轉移視線。

試著轉移視線，避免累積壓力。

給自己留一條退路

■深信「只有這裡是我的容身之處」

工作上被許多規制束縛，工時又長，導致罹患精神疾病的上班族愈來愈多，黑心企業這字眼也連日躍上報紙版面。超過自己負荷的工作一樁接著一樁，身心無法充分休息，以致於生病。

像這樣的人愈來愈多，這樣的社會絕對稱不上是幸福社會。

當然努力做好自己份內的工作很重要，就算多少得加班，但眼前的努力都是為了將來。無論是哪一種工作都有辛苦的地方，或許應該說，沒有不辛苦的工作。

所以要是一味逃避，絕對無法成長。雖說凡事盡己之力，但也不該努力過頭，搞得自己身心俱疲。

成天被工作壓得喘不過氣，導致身心俱疲的人，多是個性非常認真，責任感強的人。

我覺得日本很多這類型的人，雖然不是什麼缺點，但認真歸認真，還是要有個底限。

「離開這間公司，我就沒工作了。」

「只有這裡是我的容身之處。」

個性認真的人容易陷入這樣的思維，認為自己的人生只有這條路可走。

「我會的只有這樣，就是抱著這樣的想法，一路走來。」

這是晉升至公司高層的人，或是知名運動選手常說的話，但他們之所以能這麼說，是因為他們在這條路上嘗到成功滋味。

「我這一生只有棒球。」

因為在職棒界發光發熱，才能這麼說，所以不是人人都能說這句話。大部分棒球選手都無法靠「一心一意」維持生計，所以就某種意思來說，能夠堅持走在同一條路上的人，真的很幸福，不是嗎？

■工作是為了豐富人生

對許多人而言，**人生絕對不是只有一條路**。就算祈願能夠一直走在這條路上，但難免事與願違，只好另覓他途的例子不勝枚舉。換言之，你的人生有好幾條路可走。

「要是辭去這份工作，我就沒有容身之處了。」

真是如此嗎？公司多如繁星，行業百百種，你現在待的公司並非人生的全部，也不是只有現在這份工作才適合你，眼前有好幾個選項。

希望每個人都能正視這道理。

但也不是要你立刻辭去現在的工作，只是希望大家能時常意識到人生其實不只一個選項。

「如果這家公司怎麼樣都不適合我，那就考慮跳槽吧！」

「要是實在無法忍受現在這份工作，回老家幫忙種田也不錯。」

其實不管能否實踐，時常提醒自己人生可以有不同的選擇就對了。

「只要想逃避，隨時都能逃離。」

光是這麼想，就覺得心情輕鬆不少。或許「逃避」這字眼給人負面印象，所以有些人認為不能存有這種心態。

當然，也不能總想著逃避，因為一味逃避，久而久之便成了習慣。我認為當情況真的讓你覺得無能為力時，選擇逃避未嘗不是一件好事。

人們究竟是為了什麼而工作？為了賺錢，為了衝高業績，為了提升自我評價。其實說到底，**工作是為了豐富人生，創造自己的幸福**。

因此，工作應該是為了創造幸福人生，如果因為工作搞得身心俱疲，便失去了工作的目的。我認為，逼迫身心的工作稱不上是工作。

人生不只一個選項，其實「退路」也是一個選項，不妨將其視為心靈的「中場休息」吧。

人生絕對不只一條路。

學習過著不囤積的生活

■循序切實地處理每一件工作

有句禪語：「竹有上下節。」

如同字面意思「竹子有上下竹節」，亦即竹子能夠筆直生長，就是靠這竹節。

人也是如此，**靠著關節支撐，得以保持凜凜之姿**。

倘若竹子沒有竹節，或是竹節生長遲緩的話，便無法挺拔而立，露出無精打采的模樣。

這句話也成了我的生活座右銘，尤其**面對眼前的工作，無論是多麼瑣碎的工作，都要循序切實地處理**。別想著隨便做就算了，力求切實做好，才能做好下一件工作。

當然也有人覺得逐一處理每件工作很麻煩，同時進行更有效率。的確同時進行各種事情，乍見之下很有效率，但有些人並不擅長這麼做。

而且令人意外的是，同時進行的結果，實際上比較花時間。或許是因為邊做一件事，邊想著其他事情的緣故。

著手處理眼前的工作，腦子裡卻想著另一件工作，也就是說，邊做著今天的工作，心裡卻想著明天的事，也就是沒有專注於當下。

這樣不但很容易出錯，又浪費時間，反而耽誤到工作。

■常保桌面整齊乾淨

那麼，為了讓工作更順暢，生活上必須留意哪些事呢？我認為「整理」一事很重要，因為周遭環境會深深影響人們的思緒。

例如，要是辦公桌很凌亂，肯定會影響你的思緒，注意力無法集中。也許有人覺得這樣也沒什麼大不了，但請環視你所在的辦公室，比較一下「工作能力很強」的人，和「工作能力不怎麼樣」之人的辦公桌。

工作能力很強之人的桌面，應該是常保整齊乾淨吧。

就算桌上堆著許多資料，也會清楚分類，這樣的習慣也反映在這個人的腦子中。

反觀工作能力不怎麼樣之人的桌子是不是很凌亂？桌上堆滿沒有分類的文件資料。

這類型的人總是在找東西，一天中有好幾次翻來找去自己桌上的東西。

假設找一件東西要花個幾分鐘，一天要是重複好幾次，等於浪費了幾十分鐘。

結果就是工作進度落後別人，足見工作能力之所以不怎麼樣，最大的癥結點就在於浪費時間。

優先處理麻煩事

逐一處理，不要囤積事情，即便是再怎麼微不足道的事，一旦囤積就會變成麻煩事。

要是變成麻煩事就太遲了，就像沒有竹節的竹子無法長得筆直。

譬如，寫下今天一整天的排程，了解哪些是工作、家務方面非做不可的事。如果排程上有二十個項目，那就先從可以開始進行的事情著手，而且不要想著有二十個項目要處理，要先著眼於一個項目。

有些人會檢視一下排程，然後將一些事情標記為「挪後處理」。

我知道難免會想將麻煩事挪後處理，**但其實應該先從麻煩事著手才對**。

擅長的事與喜歡的事挪後再說，其實不是挪後，而是留待後面享受，要是將麻煩事往後挪，只會愈積愈多。

往往愈是不想做的事，愈容易囤積，這是因為覺得麻煩，所以挪後處理，但是

「挪後」又是挪到何時呢？
先從麻煩事開始處理，打造好一天的「節」，保有這樣的心態很重要。

打造好一天的「節」，逐一處理每件事。

從「變化」切換成「規則」

■憂鬱的週日傍晚

有些人一到週日傍晚，想到明天要上班就覺得很煩，非常厭惡週一的到來。明明週一傍晚不會因為隔天的工作而心煩，週日卻露出嫌煩的表情，為什麼會有這樣的感覺呢？這是因為週末假日的生活型態改變的緣故。週一到週五過著規律生活，我們對於這樣的生活沒有任何疑慮。

也就是說，我們的身心順應理所當然的日常。

但是一到週末，這個規則出現變化，好比早上睡到自然醒，或是懶散地窩在家裡一整天。

這也是對心靈的一種刺激、愉快的變化。

因為週末假日置身於稍微不一樣的變化中，所以對於規律的生活感到特別厭煩。

或許**「麻煩」就是有別於規律生活的一種存在**。

所以週日傍晚便開始覺得煩，想到明天又要上班就很鬱悶。

逃離這種情緒的方法只有一個，那就是週一早上讓自己又自然地回歸日常。

不要想太多，設法讓自己的心埋入既定規則中。也就是說，從「變化」切換成「規則」。然後，就連轉換情緒這種行為都沒入常規中。

■設法回歸規律生活

我有一位男性友人開的是一人公司，所以工作時間非常自由，而且辦公室離家裡走路只需十分鐘，所以幾點上下班都無所謂，只要案子能如期完成就行了。

這樣的他過著完全不必被規則與時間束縛的生活，應該是很多上班族羨慕的工作方式吧。

但是他非常自律，早上九點一定出門，進公司後，先花個三十分鐘看報紙，然後開始工作。

雖然工作型態很自由，但他每天依循自己訂立的規則生活。

「為什麼要過得如此規律呢？」

我問，他回道：

「好比一大早下雨，心想要是不用上班該多好，後來看氣象，好像下個三十分鐘就會停的樣子，於是想著那就晚個三十分鐘再出門。但過了三十鐘後，就會覺得還要出門真麻煩，只不過晚了三十分鐘就嫌麻煩，所以要趁這樣的感覺還沒出現之前出門。」

或許人的心態就是如此，總之，只要身體依循規則活動，如常生活的話，就不會覺得「麻煩」。

要想消除麻煩的念頭，第一個要訣就是生活規律。

建議訂立自己的生活規則。

以平常心看待理所當然的事

■「安閑無事」才是幸福

有句禪語：「安閑無事。」

這句話的意思是：

「平靜無風浪，靜靜地生活，呈現安穩的狀態，每天都抱著感恩的心而活，這一點很重要。」

倘若有人問我，人生在世，幸福為何？我想我會這麼回答：以「安閑無事」的狀態活著，就是莫大的幸福。

正因為眼前平淡的日常與規律生活，才能催生出「安閑無事」。

或許有人覺得這樣的人生很無趣，厭煩一陳不變的生活。

我不是不明白這樣的心情，但我們追求的變化中，真的棲宿著幸福嗎？

有時突然造訪的快樂，或是令人心跳不已的變化都是一種刺激。不可否認，平淡的生活中的確也有厭煩的時候。

但有時突如其來的變化，其實只是一瞬間，即便起初覺得很刺激，一再重複也會變得平淡無奇。

然後又回歸平淡的日子。

何況突然其來的變化不可能一直持續，總會有褪色的一天。一味追求這種刺激變化的結果，就會不知不覺地失去日常的感動，以致於連人生的基本，也就是日常生活也失色。換句話說，已經遠離了「安閑無事」的生活。

■專注自己該做的事

人生百分之九十，不，應該說百分之九十五都是平淡的日常，畢竟要是大半輩子都過得跌宕起伏，身心肯定疲憊不堪。

人們渴求變化之餘，卻也希望變化不要那麼劇烈。

其實正因為你現在過著依循規則的平淡生活，才會關心這種事，也希望你能明白平淡的日子有多麼幸福。

以平常心看待理所當然的事。

沒必要東想西想，想些無謂的事，專注於自己該做的事就對了。

別讓「麻煩」的情緒干擾到規律的生活。

就算你不想要，變化與刺激也會到來，無從抗拒。

而且變化與刺激不全是好的，甚至一下子便襲來許多自己最不想要的改變，所以你需要力量接受一切，而平淡安穩的日子正是培養這股力量的場域，也就是以規律生活培養出堅韌的心。
活在當下。
每個人都肩負著使命。
希望你能感謝這樣的幸福日子，珍惜每一天。

「變化」只是一瞬間，勢必會逐漸褪色。

自己決定要做，就不會覺得辛苦

■雲水修行中的事

為了成為僧侶的修行時期，也就是稱為「雲水」的時期，被嚴格要求過著自律、刻苦的生活。

早上起床到就寢為止，每分每秒都是修行時間，其中最辛苦的莫過於用餐一事。

相較於我修行那時，現在多少較為寬鬆些，但雲水修行還是謹守「一湯一菜」的紀律。

嚴禁吃肉和魚，過著連餐食分量都極少的生活，對於年輕身體來說，可是相當大的考驗。

所以修行半年後，幾乎所有的雲水都有營養失調和腳氣病等問題。

經過這段嚴苛的修行時期，才能成為獨當一面的僧侶，然後分別進入各寺院後，便可以照著自己喜歡的方式繼續修行。

不必像雲水修行時期那樣，要求一定要早起，若是早上不想做些清掃等工作，也可以不要做，餐食方面也是，可以吃自己喜歡的肉類等。

沒有人會責備你，一切都憑自己的意思，沒有每天修行也無所謂。事實上，不少僧侶並沒有天天修行。

■只要是出於自願，就不覺得苦

我成為僧侶後，也過著和雲水時期沒什麼多大改變的生活。

只是起床時間比雲水時期稍微晚一點，每天要處理各種工作，雖然和雲水時期的生活多少有點差異，但大致來說，還是持續修行中。不過要貫徹一湯一菜的戒律真的很難，也很難比照團體修行時的用餐方式，畢竟工作上難免有應酬，有時也會和家人一起用餐。但除了餐食一事，我到現在還是盡量過著以修行為主的生活，所以從來不覺得自己回到建功寺後，就怠惰了修行。

或許旁人看來，這種生活真的很無趣，而且貴為寺院的住持，應該可以生活得更自由一點，不是嗎？

但對我來說，一點也不覺得這樣的生活很辛苦，即便是雲水時期覺得很辛苦的事，現在也不覺得苦。明明做的是同一件事，為何現在不覺得苦？

這是因為雲水時期有一種「被要求這麼做」的感覺。

因此，就算做的是同一件事，**只要有被誰要求這麼做的感覺，勢必會覺得辛苦與麻煩**。

若是自己決定要做的事，也就是出於自願，就不會覺得辛苦與麻煩。

我之所以到現在還過著和修行僧一樣的生活，是因為我的心決定如此。

雖然真的很累時，會稍微睡晚一點，但我幾乎每天早上四點半起床一事也是出於自願，所以一點也不覺得這樣的生活很辛苦。

一旦有「被要求這麼做」的感覺，就容易厭煩。

以自己為主體而活

■早上開會的意義

某天，部長宣布：

「明天早上八點開會，請大家準時出席。」

站在部長的立場來想，一大早開完會，就能更有效地活用這一天，工作早點結束，部屬們也不必加班，所以決定一早開會。

但是大多數的部屬們聽到部長這麼指示，卻覺得很煩。

「明明九點上班，為什麼非得提早一個小時到公司？真的是很會找麻煩的上司啊！」

就算嘴巴沒說出來，心裡也會這麼想。

如果有十位部屬，恐怕有九個人會嫌煩吧。但部長本人絕對不覺得麻煩，為什麼呢？因為這是他的決定。

部長自主性地宣布早上開會，不是來自誰的指示，而是自己的決定，所以不覺得麻煩。

反觀覺得「被要求」的部屬們，因為不是出於自願，所以覺得麻煩。

也就是說，不是早上開會一事很麻煩，**而是因為被要求，所以覺得很麻煩，亦即看待事情的角度因人而異**，人類的心就是如此。

前面提到十位部屬中，有九個人嫌煩，為什麼不是十個人呢？那是因為十個人當中，總有意識以自己為主體的人。

好比就算是上司指派的工作，他們也不會想成是被要求做這件事。

「既然明天早上要開會，那麼今天回家就來準備明天開會用的資料吧！」這麼想的瞬間，這位部屬就是自願的心態，不會覺得被要求一大早到公司開會一事很麻煩，而是積極地想出席會議，這就是時常意識到以自己為主體的類型。

無論是哪裡一定有這樣的人，而且就是這樣的人，才能贏得周遭的好評。

■大樓管理員的故事

聊個小故事吧。

這是關於一位大樓管理員的故事，退休後的他還想繼續工作，所以當了大樓管理員。

大樓管理其實是非常繁雜的工作，除了檯面上的事情之外，還有很多住戶看不到的問題要處理，尤其是大型社區，每天要處理的事情非常多。

他初次接觸這樣的工作，雖然有教戰手冊，但手冊上寫的只是一些最基本的事，有些事情還是只能憑自己的雙眼確認。

他每天從早上到下班為止，都會巡視大樓各處，雖然有管理員專用休息室，但他只有吃午餐時才會用到。

總之，他很盡心地做好自己能做的事，像是通往戶外安全樓梯的門壞了，照理說要請業者來修理，但他覺得自己會修理，也就熱心地幫忙修好了。

他的熱心幫大樓管委會省下一筆支出，對住戶而言，實在是令人由衷感謝的事。

大樓住戶都知道他非常熱心又敬業，本來每隔幾年，管理員就會輪調到其他大樓服務，但大樓住戶們都希望他繼續留任。

「希望他能繼續守衛我們的大樓。」

總公司得知大樓住戶對他的讚揚後，不久便將他調回總公司，擔任訓練上百位管理員的要職。

這位大樓管理員就是以自己為主體，面對工作的例子，如果他有絲毫「被要求」的感覺，恐怕就是成天坐在管理室，只想做好份內工作罷了。

當然，他絕對不是為了想調回總公司，擔任教育訓練員而從事這份工作。反正再怎麼努力工作，也不會加薪，所以他也不是為了加薪、贏得別人的讚揚而認真對待這份工作。

我認為他是**感受到以自己為主體而活的喜悅**。

■以自己為主體，捕捉事物

有句禪語：「隨處作主，立處皆真。」這是臨濟禪師的著名真言。

這句禪語的意思是：

「人無論面對任何事，身處任何地方，都要時時意識到以自己為主體而活。唯有以自己為主體而活，才不會被周遭事物牽著鼻子走，也才能認識真正的自己。」

所謂以自己為主體而活，換句話說，就是以自己為主體，捕捉事物。

不僅要有具體行動，也要時常有自己是人生主角的意識。

工作多是來自上司或公司的指示。

說是「被要求」一點也不為過，但當你想著自己「被要求」的瞬間，「麻煩」的念頭就會萌芽，而且要是放任不管，只會覺得更麻煩。

因為被別人要求，只好無奈地接受。

即便心裡百般不願意，工作還是得進行，人生才能繼續往前走。

但被別人要求做什麼，就某種意思來說，就不是活出自己的人生，而是走在別人的人生路上。

放棄自己該走的路，走的是別人的路，不覺得這樣的人生非常無趣嗎？

就算落下幸福的種子，也是他人的幸福，不會成為自己的幸福。

以自己為主體，走出來的路，才是自己的人生。

正因為自己是主體，才能忍受辛勞與痛苦。自己現在是怎麼想的呢？自己現在該做些什麼？活著，就是要常常這麼問自己，才能看見屬於你的幸福。

活著就是要時常問問自己的心。

在日常生活中打造結界

■參道與門蘊含的意義

請想想你去寺院參拜的情形。

大寺院通常都會有一條長長的參道，參道的盡頭聳立著寺院的正門。想著總算走到寺院了，接下來還有山門與中雀門，走過好幾道門，終於來到本堂。

或許你會想，為什麼要有這樣的設置？要是沒有參道和好幾道門，馬上就能走到本堂，參拜起來不是更方便嗎？其實參道和門有其意義。

如果一下子就能走到本堂參拜的話，結果會如何？那就是沒有充分地整理好心緒。

懷著世俗的欲望與雜念站在本堂前，就這麼參拜。

其實參拜一事，不是祈求什麼願望，而是表露自己的心，面對最真實的自己，這才是最重要的事。

「保佑我能賺很多錢。」

不是合掌祈願這種事。

「真實的我是什麼樣子？我現在走的路，真的沒錯嗎？」

而是像這樣回首自己，得到再次邁開步伐的力量，這才是參拜的意義。

其實從走在長長的參道開始，便已經開始參拜。自問自答地走向本堂，走過好幾道門的同時，空間也變得清明，拂去心中無謂的雜念，然後當你站在本堂前，已經成了赤裸裸的自己。

佛教中，將參道與好幾道門稱為「結界」。所謂「結界」，就是從一個世界到另一個世界的界線。

簡而言之，就是轉換心境的場域與空間。

■「露地」與「塵穴」

將「結界」完美具象化的人，就是千利休。

他在茶世界表現了「心的結界」。前往茶室時，必須先經過「露地」（花園小徑），也就是「表露自身心境」的意思。

在通往茶室的露地上，設計了飛石。明明可以往前直走，卻刻意設計成必須走在曲折的飛石上，這也是為了刻意花點時間的設計。

不是直接前往茶室，而是先花點時間，面對自己的心，這是一段非常重要的時光。

接著，茶室前面還有稱為「塵穴」的設計，如同字面的意思，捨棄塵的洞穴。「塵」指的不是什麼垃圾，而是請在這裡拋開「心之塵」的意思，也就是得失與欲望的心之塵。

心生「麻煩」的念頭，也可以說是心之塵，徹底拂去心之塵之後，才進入茶室。

利休在這裡還有一項設計，那就是必須經過一道小門，才能進入草庵茶室。而且這道小門還設計成如果武士腰間插著配刀要進來，會因為配刀卡住而進不來的大小。

所以武士們必須先將配刀掛在茶室外頭，才能進入。

要武士卸下掛在腰間的配刀，根本是不可能的事，利休卻讓武士卸下配刀。

身處茶室時，沒有任何身分地位之分，這就是茶的精神。

無論是武士、商人還是農民，所有人都是經過結界，進入茶室，在這裡品嚐一碗別人用心為自己煮的茶。我認為這種崇高的精神層面，就是日本的心境象徵。

通往本堂的結界，進入茶室之前的結界，我們也可以在日常生活中打造這樣的結界。

■究竟是為誰打造的「便利」？

現今社會成了很難打造「心之結界」的世間，這是因為資訊過於發達的緣故。好比回家後，發現工作上有什麼還很掛心的事，這時只要開啟電腦，家裡馬上變成辦公室。

有人覺得這樣很方便，但是這樣的便利真的能催生出幸福嗎？

過於方便的結果，就是讓自己常常陷入被工作追著跑的狀態。

那麼，「便利」這東西究竟是為了誰而存在？不是只為了公司而存在嗎？

結果因為便利而失去了心的結界。

而且將我們的心逼至窘境，讓我們的內心插著一根叫做「麻煩」的刺，有能力拔刺的時候還好，要是無力拔刺時，這根小小的刺就會成為致命傷。

不妨試著有時無視一些事，無視所謂的便利，無視什麼效率，就連工作也可以稍微無視一下，這麼做是為了確實打造只屬於自己的結界。

對你來說，「人生的本堂」在哪裡？任何人應該都擁有才是，**而且請好好地正視連結到自我本堂的參道**。

我想這就是走出屬於自己的人生。

只有便利，並不能帶給人們幸福。

後記

我認為現今社會，是個欲望極度膨脹的社會。
好比物欲，也是膨脹到看不見盡頭。
市場不斷提供新商品，魅惑人心，讓人渴望擁有。
無視自己擁有的已經足夠，還是不斷追逐新東西，於是不知不覺間，身邊充斥著許多根本用不到的東西，養成用完即丟的習慣，失去珍惜東西的心。
想著便宜，用過就丟，下次再買就好了，感覺一切是那麼理所當然。
就連人際關係也是如此吧。

希望自己有很多朋友，希望登錄在手機裡的人名愈來愈多，這也是一種欲望膨脹。

增進與別人的關係並非壞事，然而欲望一旦過於膨脹，就會萌生比較的心態，結果總是和別人比較，以致於患得患失。

在乎的不是真正值得信賴的關係，而是一味追求數量，發現自己的身心被逼至窘境這點也不可輕忽。

人有各種欲望，要消除所有欲望是非常困難的事，只要還活著就不可能做到。雖然身為僧侶的我們藉由修行，盡量減少這些欲望，但是就算再怎麼德高望重高的高僧，也無法完全從欲望中解放。

只要我們還活著，就會有欲望，正因為我們有期待自己成長的欲望，才能努力不懈。

這麼一想，欲望也是成長的原動力，所以沒必要捨棄所有欲望。

重要的是對你而言，現在心懷的欲望真的必要嗎？能夠豐富你的人生，帶來幸

福嗎？這才是你應該思考的事。

本書的主題就是關於「麻煩」這個心境。

這樣的心境是從何而生？著手寫這本書之前，我試著思考這問題。

於是，我領悟到一件事，「麻煩」是隨著欲望逐漸膨脹而生的。正因為對於自己來說是不必要的欲望，才會產生「麻煩」的念頭。

所謂的代謝症候群就是吃得過多，又缺乏運動，美食與便利的生活迫使身體出了毛病，這也是因為欲望膨脹，所導致的一種文明病。

我認為**心也有所謂「心的代謝症候群」，充滿物欲，被無止境、不必要的欲望充斥的心**。

那麼，「心的代謝症候群」有哪些症狀呢？那就是打從心底失去滿足感與充實感，欲望無止境，愈來愈感受不到真正的滿足感。

無法得到真正的滿足感，也就是無法感受到滿足的人生。

自律就是針對「心的代謝症候群」開立的處方箋。

生活作息規律，只關注對自己來說，真正需要的東西，思考什麼東西能豐富自己的人生，不執著於其他不必要的東西。

這就是自律。

還有「自立」這字眼。

其實無法自律的人，也無法自立，任憑欲望不斷萌生，過著忙亂的生活。而且正因為無法自律，內心才會充斥「麻煩」的念頭，不是嗎？

本書內容已提及，現在再強調一次。

「麻煩」這東西不存在於世上任何地方，而是存在於你的心中。

只能說，「麻煩」一事，是你的內心恣意催生出來的。

請重新檢視你的欲望，也請重新檢視你的生活方式，並試著面對你的心。

如果心裡有許多「麻煩」的念頭，表示你有「心的代謝症候群」。

對自己來說，幸福究竟為何？什麼是自己該走的路？希望藉由本書能讓你思考這些事。

合掌

別把所有事往心裡塞
枡野俊明教你消除人生麻煩事的42個解方
（《人生的麻煩事全都可以消失》新版）
あなたの人生から「めんどくさい」が消える本

作者　枡野俊明
譯者　楊明綺
編輯　曾琬瑜
行銷企畫　劉妍伶
封面設計　周家瑤
內頁設計　賴姵伶

發行人　王榮文
出版發行　遠流出版事業股份有限公司
地址　104005 臺北市中山區中山北路1段11號13樓
客服電話　02-2571-0297
傳真　02-2571-0197
郵撥　0189456-1
著作權顧問　蕭雄淋律師

2023年05月01日　二版一刷
定價　新台幣300元（如有缺頁或破損，請寄回更換）

ISBN 978-626-361-041-5
遠流博識網　http://www.ylib.com
E-mail: ylib@ylib.com

國家圖書館出版品預行編目(CIP)資料

別把所有事往心裡塞：枡野俊明教你消除人生麻煩事的42個解方 / 枡野俊明著；楊明綺譯．
-- 二版．-- 臺北市：遠流出版事業股份有限公司, 2023.05
面；　公分
譯自：あなたの人生から「めんどくさい」が消える本
ISBN 978-626-361-041-5(平裝)
1.CST: 禪宗 2.CST: 佛教說法 3.CST: 佛教修持
226.65　　112002947